LA CREUSE
NID D'ESPIONS

Alix Vermande

LA CREUSE NID D'ESPIONS

ÉQUATEURS

ISBN 978-2-3828-4502-8.

Dépôt légal : novembre 2023.

170 *bis*, boulevard du Montparnasse, 75014 Paris.

editions-des-equateurs@orange.fr
www.editionsdesequateurs.fr

Sur les caméras de surveillance de l'autoroute belge A10 apparaît une Audi bleue, volant à droite. Un véhicule parmi d'autres sur cette voie très fréquentée entre Ostende et Bruxelles. Mais la plaque d'immatriculation alerte les policiers qui ont reçu un signalement. Après vérification, le conducteur de la voiture est sous le coup d'un mandat d'arrêt européen. Une patrouille est missionnée et parvient à l'intercepter au niveau de l'échangeur de Grand-Bigard, à l'ouest de la capitale belge. L'interpellation se fait dans le calme. Les agents constatent qu'une partie du pare-brise est fortement endommagée côté conducteur. Un homme d'une cinquantaine d'années sort du véhicule. Un Anglais dont la cavale entamée en France s'achève après huit jours loin des radars des autorités. Plusieurs dizaines de médias dans le monde entier ont donné son nom : Robert Hendy-Freegard. Et provoqué un dernier frisson dans un petit hameau du département rural de la Creuse où, après sept années de comportements suspects, il s'est fait démasquer par des retraités et des agriculteurs du coin. Un affront pour ce dangereux manipulateur que la plateforme Netflix a surnommé *The Puppet Master* ou *Le Marionnettiste*, titre de la série documentaire sortie quelques mois plus tôt.

Creuse insouciante

Ce 28 juin 2015, c'est jour de kermesse à Pontarion. Dans la cour, les enfants fêtent la fin de l'année et le très attendu départ en vacances. Dernières heures de jeu dans la petite école de cette bourgade creusoise, à quelques dizaines de mètres de la route de Limoges, l'artère principale traversant le village.

L'école est nichée au pied d'un imposant château, bâti en grande partie par Antoine d'Aubusson au XVe siècle. Louise et Rémi ne prennent guère le temps de le contempler. Pas sûr que l'histoire les intéresse et, aujourd'hui surtout, ils ont mieux à faire : s'amuser avec leurs copains. L'aire de jeux vient d'être rénovée et les cris et les rires s'entendent jusque dans les rues voisines. Élus et parents d'élèves ferraillent régulièrement pour préserver et embellir ces équipements, poumon du village.

On s'arrête rarement à Pontarion. Tracteurs et utilitaires se croisent un peu plus loin au carrefour situé à une vingtaine de kilomètres de Guéret, ville-préfecture d'un département rural à l'image peu flatteuse dans l'imaginaire de ceux qui n'y ont jamais vécu. Seul l'axe constitué par la main de l'homme autour de la route nationale 145 – une deux fois deux voies traversant les prés, sur laquelle on peut circuler à 110 kilomètres à l'heure – tranche avec le paysage. N'en déplaise aux mauvaises langues, le XXIe siècle a gagné la Creuse. Certes, les derniers gadgets à la mode arrivent toujours avec un temps de décalage, mais l'image moyenâgeuse que s'en font les urbains relève bien souvent de la caricature. Ou de la jalousie selon les Creusois les plus chauvins. Et ils existent.

Louise et Rémi sont encore bien éloignés de ces considérations. Ils aiment leur vie dans ce petit coin de France où, pour beaucoup, il ne se passe rien.

Huit ans plus tôt, Pontarion a connu à son corps défendant les honneurs de la presse nationale. Le temps d'un fait divers. Une nuée de journalistes en quête du moindre témoignage sont venus perturber la tranquillité des habitants. L'adjudant-chef de la gendarmerie de Bourganeuf a trouvé la mort dans le village à la suite d'une interminable course-poursuite à travers le Limousin. Au volant d'une Peugeot 207 grise, un véhicule de location volé et immatriculé en Seine-Maritime, un automobiliste s'était enfui après avoir refusé de payer son plein à une station-service. Avant de se mettre en route, il avait pris son traitement de Subutex, un produit de substitution à l'héroïne. Après moult slaloms dans la campagne, le Parisien de 43 ans a percuté à toute allure le gendarme ainsi que deux de ses collègues. Le premier a succombé à ses blessures seulement deux heures après l'accident. Le deuxième était polytraumatisé. Le troisième a évité le pire en sautant prestement de sa moto.

Le fuyard, connu des services de police pour actes violents et usage de stupéfiants, a finalement été interpellé sans opposer de résistance dans un champ à cinq kilomètres du bourg.

La mort du gendarme, père de deux enfants, connu dans le secteur pour organiser chaque année un événement de motocross près de chez lui, reste un souvenir douloureux dans l'ouest de la Creuse. Louise et Rémi sont trop jeunes pour se le rappeler. Ils vivent encore dans une certaine insouciance. Comme si au beau milieu de leur campagne rien ne pouvait arriver.

Quand sonne la fin de la kermesse, le frère et la sœur reprennent la direction de leur maison après un dernier au revoir à leurs petits camarades. Mais impossible de retourner chez eux à pied, à moins d'aimer la randonnée : ils habitent à neuf kilomètres de l'école. Après avoir brièvement emprunté la route de Limoges, la voiture de leurs parents s'engage en direction de la départementale pour s'extirper du bourg par la rue Martin-Nadaud, député de la Creuse sous les IIe et IIIe Républiques. Une maison, lieu de mémoire, de visites et d'animations, lui est dédiée sur le hameau de La Martinèche, où il est né. Une route étroite sépare en deux ce lieu-dit et présente un périlleux virage entre les bâtisses, offrant quelques sueurs froides aux rares piétons. En Creuse, la nature conserve *a minima* ses droits. Il faut composer au moment d'aménager la voirie. Et c'est un défi.

Le véhicule tourne à gauche, juste avant Soubrebost,

pour prendre la D36 aux lacets assombris par les imposants résineux de la forêt limousine. Soubrebost, cette oasis au milieu du désert feuillu comme tant d'autres communes creusoises, que l'on découvre parfois après des kilomètres de prairies inhabitées ou occupées par les animaux d'élevage. Rien d'étonnant dans un département qui recense plus de bovins que d'habitants. Des têtes chenues, en grande majorité. Proches de leur terre et d'une sympathie égale à leur pudeur. Ils ne s'étendent jamais sur la beauté des lieux par crainte d'être forcés de les partager et de les voir dénaturés. Dans les environs de Soubrebost, bien aventureux sont les conducteurs tentés d'écraser la pédale. Le pied est toujours au-dessus du frein dans la crainte de croiser une voiture, une biche ou un lièvre. Au détour d'un énième virage, une multitude de zones de déboisement jonchées de rondins de plusieurs mètres de long. Reflet d'une tradition historique d'industrie forestière qui a séduit différentes populations d'immigrés dont des Turcs, présents en nombre non loin de là, à Bourganeuf.

La dernière courbe est enfin avalée avant une courte descente menant au terminus. Le lieu-dit de La Forêt-Belleville apparaît. Un hameau encerclé par champs et bois, niché à trois kilomètres du bourg de Vidaillat, commune de 180 âmes dont il dépend. Les vieilles carcasses du voisin ferrailleur et le bétail des agriculteurs égaient ce coin du fin fond de la Creuse. Les rares vrombissements des engins agricoles et des voitures brisent parfois le silence propre à la campagne, ponctué du tintement des cloches des vaches mêlé aux discussions des villageois. Côté sociabilité, La Forêt-

Belleville offre le meilleur d'un petit village du Limousin : apéritifs improvisés entre voisins, entraide pour les menus travaux, soirées à refaire le monde. Sans pour autant entrer dans l'intimité les uns des autres ni dévoiler son véritable caractère. Il vaut mieux s'entendre avec tout le monde, sous peine de se trouver isolé dans un lieu qui l'est déjà.

Ici, les habitants se comptent en familles ou en couples pour un total de vingt personnes selon les recenseurs locaux. Mais les résidents à l'année dépassent à peine la dizaine.

L'hiver, il leur faut composer avec d'importantes chutes de neige qui les laissent orphelins du parfum habituel des lieux : l'odeur boisée des résineux couplée à l'émanation rassurante du pollen des fleurs et de l'herbe des prés avoisinants. Une route traverse le hameau sur moins d'un kilomètre. De ce tronc goudronné s'échappent plusieurs petits chemins menant souvent à une impasse. En bordure, de vieilles maisons en pierres apparentes, d'autres au crépi gris foncé, toutes surmontées à l'origine d'un toit de tuiles claires, que les années ont assombries. Chacune dispose de sa parcelle de terrain plus ou moins aménagée selon la créativité et la rigueur de ses propriétaires. Ici, tout le monde se connaît, s'apprécie et, parfois, se déteste. Ici, surtout, tout se sait.

Arrivés à bon port, Carole et Jean, les parents de Louise et Rémi, ouvrent le portail de leur maison, tout près de l'entrée de La Forêt. Ils sont surpris par une agitation inhabituelle de l'autre côté du grillage délimitant leur jardin : de nouveaux voisins viennent d'arriver.

L’emménagement

Les travaux des champs rythment la vie en Creuse. Nul besoin de calendrier pour se repérer dans l’année. La fenaison, au mois de juin, est un grand moment d’effervescence. Les agriculteurs s’attellent, sans quasiment poser le pied par terre, à récolter de quoi nourrir leur élevage l’hiver. La survie de leurs exploitations en dépend. Une récolte de foin calamiteuse ou ratée à cause d’un orage imprévu ? Les bêtes en pâtiront quelques mois plus tard. De même que la trésorerie de l’éleveur, contraint de s’endetter pour acheter le foin manquant.

En ce début d’été se donne à La Forêt un ballet de tracteurs digne d’un jour de chassé-croisé classé noir. Ces journées de fauchage et de bottelage, Philippe ne les connaît que trop bien. Il s’occupe de plusieurs dizaines de moutons avec sa compagne Véronique, aussi impétueuse qu’il est posé. Sa casquette kaki ne le protège guère des rayons meurtriers du soleil, la sueur coule dans son dos, mais qu’importe, il a l’habitude.

Les tâches difficiles que lui impose son métier ont façonné son corps trapu. Rien ne peut perturber le rituel du quadragénaire qui n'en est pas à sa première fenaison. Sauf cet été-là.

À l'ouvrage près de leur bergerie surplombant les autres maisons, Philippe est interrompu par l'arrivée de Véronique. La petite brune au physique androgyne a traversé le champ au pas de course. Sous son chapeau, qui lui vaut le surnom de « shérif » dans le village, ses traits sont tirés par l'effort. Le travail à la ferme dévore sa vie sans entamer son énergie. L'éleveur remarque tout de suite l'étincelle dans les yeux sombres de sa femme. Véronique vient d'assister à ce qui, dans le village, constitue un événement : l'emménagement de nouveaux habitants. Elle parle à toute vitesse mais Philippe ne lui demande pas de ralentir. Au bout de vingt ans de vie commune, il sait qu'il ne parviendra pas à la calmer, et se contente de l'écouter en souriant :

— Tout à l'heure, j'ai vu un grand fourgon gris arriver dans le village et se garer devant la maison de Colette. Ils ont déchargé plusieurs cages de contention sur la pelouse. Il faisait une de ces chaleurs en plus. J'ai entendu des chiens aboyer mais impossible de les voir car ils avaient mis de grands draps de bain sur les cages. Après ils les ont rangées dans la maison. Je sens que ces chiens vont encore mettre le bazar avec mon élevage de moutons ! Ça doit être ce couple d'Anglais dont m'avaient parlé les anciens propriétaires.

Cette vieille maison avec étage, Véronique la connaît bien. Une masure tournée vers son enclos, symboliquement peu ouverte au monde extérieur. Depuis la route, on peut même la croire à l'abandon tant la nature y a repris ses droits : orties et ronces dissimulent le mur construit à l'arrière pour se protéger des regards. Si la bâtisse est imposante, c'est surtout grâce à la grange transformée en vaste débarras. Son entrée, une lourde porte blanche, est située juste à droite après un bien modeste portail fait de lames de bois et équipé d'une cloche pour alerter les propriétaires de la moindre visite. La sonnette d'autrefois. La partie habitable se trouve à l'autre extrémité de la façade en pierres apparentes offrant un dégradé du marron au gris.

La maison abrite bien des souvenirs pour Véronique, enfouis sous sa carapace de bulldozer. Elle se montrait toujours aux petits soins pour Colette, dernière occupante des lieux, prenait le temps de discuter, faisait ses courses. La confiance et l'amitié étaient réciproques : la retraitée avait désigné Véronique comme la personne à prévenir en cas d'urgence. Un simple bip sur le médaillon qu'elle gardait attaché autour du cou et l'éleveuse accourait. La mort de Colette avait été un crève-cœur. Et l'arrivée de ce couple la forçait à tirer un trait sur le passé.

Enfant du hameau, Véronique a connu tous les anciens et assisté à l'emménagement de tous les nouveaux. Le raccordement à l'eau courante a été le cadeau de son sixième anniversaire. La Forêt tout entière est sa maison. D'où sa méfiance parfois à en ouvrir la porte. L'éleveuse est attentive au moindre bruit et au plus petit événement. Si une pierre est déplacée le long d'un chemin, Véronique le sait. Et le fera savoir. Regard droit, menton relevé, mâchoire serrée. Il ne faut pas chercher des noises à cette Creusoise qui n'a pas sa langue dans sa poche et dont l'éducation a reposé sur trois principes : respect, droit et ordre. Là, l'invasion de cette demeure inoccupée depuis deux ans rime avec désordre. Du sang neuf pour le hameau ? Peu lui importe. Les arrivants perturbent déjà son quotidien.

Martine Laporte accueille en revanche la nouvelle avec joie. La maire de Vidaillat est toujours en quête de nouveaux arrivants pour repeupler sa commune. Chaque jour, elle déverrouille l'immense porte vitrée de sa mairie, un imposant bâtiment à l'entrée de la commune. Sur le fronton gauche, la mention « garçons » est gravée au-dessus des fenêtres. Sur le droit, « filles ». La quinquagénaire au petit gabarit, cheveux courts et raides, d'un brun tirant sur le rouge flamme, s'engouffre dans l'hôtel de ville qui fait aussi office de bureau de poste. La mutualisation des services est de rigueur dans les petites communes.

Simple conseillère puis adjointe, Martine Laporte a enfilé l'écharpe de maire en 2001. Pour ne plus jamais la quitter. Une belle réussite pour la rigoureuse Normande, arrivée dans la cambrousse creusoise à l'âge de quatre ans. Elle s'est même frottée à l'une des plus hautes fonctions du département en devenant, le temps d'une mandature, la suppléante du député Michel Vergnier. Mais l'élue préfère le local, le terrain, la vie d'en bas, les vraies gens. Sa carrière d'éducatrice au Monteil-au-Vicomte, commune voisine, lui donne ce crédit.

Son rôle se confond avec celui de cheffe de village. Si des vaches sautent dans le terrain du voisin : on appelle Martine. S'il y a des coupures d'électricité : encore Martine. Si des chiens aboient trop fort : toujours Martine. Et bien évidemment, quand il faut souhaiter la bienvenue à de nouveaux administrés, Martine s'en charge. Même si ce sont des Anglais qui ne parlent pas un mot de français. Elle a sa botte secrète : Helen, interprète officieuse du village.

À l'anglaise

Helen aime rendre service à la communauté. Alors, quand Martine Laporte fait appel à ses compétences de traductrice et d'interprète à l'occasion de cérémonies anglophones ou simplement pour traduire des documents administratifs, elle s'y prête toujours de bon cœur. Ses yeux en amande, cerclés de fines lunettes, expriment une grande bienveillance. Séparée de son mari, Helen vit seule à quelques encablures du bourg, dans une maison retapée de ses mains. Son allure de professeur de yoga des années 1970 ne semblait pourtant pas la prédisposer à d'aussi lourds travaux. Elle a enseigné la littérature avant de devenir chasseuse de têtes et d'épouser un publicitaire. Lassé de leur vie versaillaise, celui-ci l'a poussée à venir poursuivre son activité en Creuse où ils se sont installés en 1995. Il s'agissait de dégoter des profils en biotechnologie pour des laboratoires, des universités ou des sociétés privées à travers le monde. Pas étonnant que Helen soit polyglotte. Son français est impeccable. Et son accent *so british*, ses longs cheveux bruns striés de gris tombant sur ses épaules maigres, lui donnent un air de châtelaine.

Elle s'est récemment fait naturaliser afin d'anticiper les complications qu'entraînerait une éventuelle sortie du Royaume-Uni de l'Union européenne. Un « Brexit » comme on dit outre-Manche. Helen n'a jamais voulu quitter la Creuse malgré plusieurs opportunités professionnelles rapidement déclinées. Au début pourtant, elle n'était pas convaincue par cette migration loin de tout. Le paysage lui a longtemps évoqué la course-poursuite angoissante de *Délivrance*, le film de John Boorman. Aujourd'hui, Helen s'évertue à promouvoir la campagne creusoise. Notamment auprès de ses ex-compatriotes. Beaucoup de Britanniques vivent en Creuse. Et elle a hâte de faire la connaissance des deux nouveaux.

Mais quand un homme seul franchit d'un pas assuré la porte de la mairie, Helen est surprise. D'ordinaire, les Anglais désireux de s'installer dans le département sont plutôt plus âgés, en quête d'une retraite à la française. Ou ce sont des couples venus faire du business dans la location de gîtes, séduits par des articles de magazines situant malencontreusement la Creuse tout de suite au nord de la Dordogne, fief historique de la communauté britannique en France. Là, il s'agit d'un fringant quadragénaire. Et il a l'air *smart*, cet English. Sa mise élégante rehausse un physique assez ordinaire. Visage rond, cheveux bruns coupés court, il n'est pas très grand mais toise en souriant Martine Laporte. Un homme soucieux de plaire.

Même lors de l'échange des plus banals traduit par Helen.

— Bonjour, enchanté de faire votre connaissance, Madame, je m'appelle David Hendy et je viens d'Angleterre. Je vais m'installer ici pour un bon petit moment avec ma compagne.

— Bonjour, Monsieur, bienvenue sur la commune de Vidaillat. Nous sommes toujours ravis d'accueillir de nouveaux habitants.

— Je tiens à vous dire que je prévois d'installer un élevage de chiens de race, des beagles ! J'ai même un champion d'Europe qui a remporté de grands titres, donc c'est ma principale activité avec ma compagne. Nous avons déjà un grand élevage en Angleterre mais impossible de le faire concourir en Europe à cause d'un règlement. Alors que nous aimerions en faire en Allemagne, par exemple. C'est pour ça que nous sommes venus ici.

— Superbe. J'espère que vous pourrez aussi trouver des concours en France.

— Oui, c'est prévu. Mais pouvez-vous me dire, s'il vous plaît, comment cela se passe au niveau de la législation française pour les élevages de chiens ? Nous sommes des professionnels avec ma compagne et nous prévoyons de construire plusieurs chenils sur la propriété.

— Je vais me renseigner et je vous fournirai tous les documents nécessaires. Mais il faudra bien être en règle.

— Oui, bien sûr. Merci beaucoup, Madame.

David Hendy a fait bonne impression sur Martine

Laporte. Un nouvel habitant sympathique et affable. Un de plus. La maire est enthousiaste.

Helen un peu moins. Bénévole à la SPA, elle trouve son explication sur les concours quelque peu brouillonne et n'a jamais entendu parler d'un règlement qui interdirait les concours intracommunautaires. Ces chiens ne seraient-ils pas plutôt destinés à la chasse ou… à la science ? Et que dire de son phrasé et de son ton enjôleur… La Creusoise d'adoption se méfie des beaux parleurs.

Le « mirador »

« À Madame Martine LAPORTE
Maire, 23250 VIDAILLAT
À Isle, le 2 juillet 2015.

COURRIER RECOMMANDÉ
AVEC ACCUSÉ DE RÉCEPTION

Objet : troubles de voisinage.

Madame la Maire, chère Martine,

Je tiens à porter à ton attention des faits qui nuisent au "vivre ensemble" dans notre village de La Forêt.

En effet, Monsieur Durand possède des chiens (6 ou 7 ?). Maintenant un couple, Mme Sandra Rose CLIFTON et M. David Robert HENDY, ont acquis (ou sont en cours d'acquisition) de la propriété correspondant à la succession Portard/Vialet. D'après diverses informations, ils élèveraient des chiens et en posséderaient 4, 10, 14 (???).

Déjà que les chiens de Monsieur Durand sont très bruyants, maintenant avec les nouveaux arrivants, c'est devenu insupportable. Nous étions à La Forêt dimanche et aujourd'hui : ce sont des jappements sans interruption.

Il y a nombre de règles à respecter. Hélas, aucune ne le sont ! Déjà, la courtoisie voudrait de remédier à ces troubles par simple respect du voisinage. Les propriétaires des chiens savent qu'ils gênent et ne font rien, voire s'en fichent.

Les enclos de chiens doivent être à cinquante mètres des habitations lorsqu'il y a moins de neuf chiens et cent mètres pour dix chiens et plus. Cette règle n'est pas respectée. Les eaux sales ne sont pas épurées. Les déchets ne sont jamais éliminés (il est préconisé un nettoyage quotidien et une désinfection). Ceci est source de nuisances olfactives et de présence de mouches et autres parasites. Les chiens doivent être enfermés la nuit.

Notre beau village de La Forêt n'a pas vocation à devenir un chenil bruyant et malodorant.

D'autre part, la (supposée ?) activité d'élevage a-t-elle fait l'objet de déclaration et d'autorisation auprès de la DDSV (Direction départementale des services vétérinaires) ?

Nous allons séjourner de plus en plus souvent et longtemps à La Forêt. Nos enfants et petits-enfants viendront s'y reposer pendant leurs vacances et week-ends.

Pour toutes ces raisons, nous te demandons, au titre de maire, d'intervenir afin que le village redevienne paisible, grâce au respect des règles et de la courtoisie la plus élémentaire.

Je suis désolé d'avoir à agir de la sorte. Je te remercie par avance de ton action.

Je t'envoie, Madame la Maire, chère Martine, mes sincères et amicales salutations. »

Derrière son ordinateur, Léon rumine. Plus bas dans le hameau, il a déjà repéré une meute de chiens maltraités. Deux, ça ferait beaucoup trop. Un simple grillage sépare sa résidence secondaire de la demeure de David Hendy. Depuis son jardin, le retraité dispose d'une vue imprenable sur ce qui se trame de l'autre côté. À la manière d'un mirador, il observe. Ça l'occupe aussi. Si ses lunettes rondes, sa barbe d'un blanc lumineux et son physique imposant lui donnent des allures de Père Noël, ne comptez pas sur lui pour vous faire des cadeaux. D'ailleurs, la comparaison physique s'arrête au catogan qu'il porte pour discipliner ses longs cheveux et s'éviter une quelconque mésaventure capillaire. Il a déjà bien assez de soucis. Venir à La Forêt avec sa femme Germaine, propriétaire de cette bâtisse familiale transmise de génération en génération, devrait pourtant être synonyme de repos !

S'il n'y vit pas à l'année, le couple y séjourne régulièrement avec enfants et petits-enfants. Au moins une fois par semaine. Pour s'évader des environs de Limoges. Très vite, ils s'inquiètent à l'idée d'entendre aboyer tous ces chiens jour et nuit. L'hiver, ça devrait aller, les fenêtres sont fermées. L'été, devront-ils subir en silence ? Ne parvenant pas à échanger avec leurs nouveaux voisins, Léon, qui travaillait auparavant dans l'industrie graphique, a trouvé un autre moyen de se renseigner. Véritable geek, il a cherché sur internet la trace officielle d'un élevage qui pourrait appartenir aux Anglais. Mais rien de bien concret n'en est sorti. Que font-ils de ces chiens s'ils ne les vendent pas ? Et ce « champion » que le Britannique se vante d'avoir dans sa meute ?

Avec son air réfléchi, le retraité fait figure de grand sage dans le hameau. Sa faconde ferait presque oublier son côté procédurier. Il l'assume. Pour lui, l'injustice est inconcevable. Alors, il tente de dénicher le moindre indice suspect de l'autre côté du grillage. À la manière d'un zoologiste, Léon étudie le couple anglais. L'homme, souvent absent, se contente quand il est là de promener ses beagles et d'écouter sa musique à plein volume. Sa compagne, une blonde à l'aspect négligé, se nomme Sandra Clifton, selon les informations recueillies par Léon auprès de René, ancien propriétaire de la maison. Elle semble peu encline à rencontrer ses voisins. Seulement quelques jours après leur arrivée, la discrète Germaine a bien tenté, en vain. Comptant peut-être sur son physique bien moins impressionnant que celui de son mari pour interagir avec l'Anglaise. Menue, les cheveux courts et grisonnants, elle est la mamie gâteau dont tout le monde rêve. Capable d'attendrir n'importe qui avec une délicieuse tarte aux pommes. C'est peut-être ainsi qu'elle aurait dû aborder sa voisine. La première fois qu'elle l'a aperçue de l'autre côté du grillage, entourée de ses chiens, elle s'est contentée de s'approcher et de la saluer, en anglais. L'autre s'est enfuie, balbutiant un timide « *I don't speak french* ». Habitué à bricoler dans son jardin, Léon, lui, a droit régulièrement à un petit signe de la main qu'il compare en riant à celui de la reine d'Angleterre.

Les cris de Sandra sur ses beagles l'amusent beaucoup moins, surtout quand il profite de son jardin en famille ou avec ses amis. Ses « *Shut up!* » résonnent dans tout le voisinage. Et s'il n'y avait que le bruit… Les crottes de chien s'amoncellent au bord de leur parcelle, gâchant leurs petites virées jusqu'au châtaignier planté au fond de leur terrain.

Aussi, l'attitude de leur voisine les préoccupe. Elle semble sans cesse reproduire les mêmes gestes, telle une automate. Sandra Clifton ne sort dans l'enclos que pour promener ses chiens au pelage tricolore ou étendre torchons et draps sur un vieux fil à linge. Elle ne franchit son portail que pour déposer les ordures dans la poubelle collective du village. Et que deviennent les eaux de lessive puisque l'épandage aurait été jugé hors-norme selon Léon? Il se le demande bien. En tout cas, la voisine ne passe pas son temps à entretenir sa propriété. La petite haie mitoyenne risque de devenir luxuriante et le toit de la maison complètement délabré menace de s'écrouler. De son poste, à quelques dizaines de mètres, le mirador ne cesse de répéter à sa femme en secouant la tête : « Ce n'est quand même pas normal. »

L'élevage

L'élevage de chiens est rapidement devenu le principal sujet de discussion à La Forêt. Quand les voisins se croisent sur le bord de la route, on parle santé, météo et beagles. C'est un peu le tube de l'été.

David Hendy, ignorant les on-dit, s'acclimate progressivement à la Creuse. Ce territoire lui paraît fort accueillant.

Fin juillet, il est reconvoqué en mairie pour recevoir les renseignements demandés sur les normes d'élevage en France. C'est simple : au-delà de neuf chiens, il faut aménager. À lui de se rapprocher des services vétérinaires. Personne au village ne sait encore combien de beagles vivent dans la maison car ils ne sortent jamais tous ensemble dans l'enclos, deux à la fois au maximum. C'est le concours de pronostics entre voisins :

— Moi je pense qu'il y en a au moins cinq ou six.

— Tu rigoles ! Avec le bruit qu'ils font là-dedans, ils sont au moins une douzaine !

Martine Laporte en a rapidement été informée *via* plusieurs signalements et remontées du voisinage. Les tests auditifs sont formels : il y a bien trop de chiens dans cette maison. Au cours de l'été, la visite d'une vétérinaire confirme le verdict des voisins. David Hendy a été prévenu de l'inspection en amont, de même que Helen, sollicitée pour faciliter les échanges.

Les deux femmes s'avancent jusqu'au domicile des Anglais et distinguent une estrade similaire à celles des concours canins. Tout sourire, David leur présente les chiens deux par deux mais aussi les passeports et autres documents pour les identifier. Les beagles semblent en très grande forme et bien dressés. Prêts à concourir. L'assistance est impressionnée. Et tout est en règle selon la vétérinaire. À une exception près : il y en a douze.

— Vous ne devez avoir que neuf chiens. C'est la loi, Monsieur, précise l'experte.

— Mais ce n'est pas un problème. Je fais souvent des allers-retours avec notre élevage en Angleterre car nous y faisons encore des concours donc je pourrai en déposer trois à l'occasion.

— D'accord mais il faudra mettre en place un système de fosse septique pour les chiens, même s'ils ne sont plus que neuf.

— Oui, aucun souci. D'ailleurs, regardez, nous voulons aussi construire ça.

Le Britannique leur montre le plan d'un chenil en bois. Helen en profite pour lui poser à son tour quelques questions, d'abord sur l'élevage mais surtout sur sa nouvelle vie en Creuse. Elle veut en savoir plus sur David Hendy :

— Mais vous avez l'intention de vendre les chiots ?

— Non, ou alors juste ceux qui ne pourront pas concourir.

— Et sinon, votre acclimatation se passe bien ?

— Plutôt bien oui. Même si j'en ai un peu marre de voir les mauvaises conditions dans lesquelles vivent les chiens de chasse du voisin là-bas. Ils sont mal entretenus et affamés. Mais nous avons aussi des projets ici comme racheter la maison mitoyenne pour élargir la propriété. J'espère que ce sera avec un meilleur agent immobilier car celui que nous avons eu n'était pas très clair.

— Je vois… Et votre femme, qu'en pense-t-elle ? D'ailleurs, où est-elle ?

— Désolé, elle ne peut pas sortir car elle a la grippe.

L'Anglais énonce ses soucis pêle-mêle, sans s'efforcer d'établir un lien entre eux. Difficile de démêler le vrai du faux chez ce personnage à la verve impressionnante. Impassible, Helen écoute et observe. L'ancienne chasseuse de têtes a gardé de bons réflexes. Il faudrait cependant un deuxième entretien pour commencer à le cerner. Elle n'aura pas à attendre longtemps.

Une nouvelle inspection est organisée tout juste deux semaines plus tard. David Hendy tient le même discours : des projets, un agent immobilier menteur et un voisin qui ne s'occuperait pas bien de ses chiens. « Je suis même obligé d'aller leur donner des croquettes pour qu'ils mangent ! » s'énerve-t-il.

L'échange avec la vétérinaire est cette fois plus bref.

Elle lui fait confiance pour une rapide mise aux normes de son élevage mais compte maintenir une vigilance particulière. C'est au tour de Helen de passer à la question. Pudique, celle-ci reste évasive sur sa vie privée mais lui confie travailler pour la SPA.

— Mais c'est merveilleux ça ! Donc vous aimez bien les chiens.

— Oui, je les promène avec ma copine qui habite aussi dans la commune.

— Oh, mais il faudrait que nous prenions le thé tous ensemble !

— Pourquoi pas ! D'ailleurs, si vous voulez vous intégrer rapidement avec votre compagne, il y a plusieurs activités à faire dans le coin car il y a plein d'associations. Notamment le club de gym de Pontarion. Je suis une des monitrices.

— Ah oui, c'est magnifique. On va faire tout ça ! répond le Britannique toujours très enthousiaste. Sans doute un peu trop.

Helen attendra de voir avant d'intégrer le couple à sa liste, sinon d'amis, du moins de fréquentations.

En octobre, les services vétérinaires inspectent une nouvelle fois l'élevage. Cette fois, pour nuisances sonores. De premières prescriptions sont ordonnées pour soulager les oreilles des habitants de La Forêt. Sans suite.

Suspect

La frénésie de l'été s'est envolée. Les volets des résidences secondaires se ferment peu à peu. Les agriculteurs retrouvent la saveur des pauses quotidiennes. La circulation reprend son rythme de croisière. En saison creuse, on peut s'allonger sur la route trente bonnes minutes avant d'être dérangé. Seuls les habitués l'empruntent. Depuis leur bergerie, Véronique et Philippe sont alertés du moindre véhicule traversant le hameau. Ils parviennent souvent à l'identifier rien qu'au bruit du moteur. « Ah, ça doit être l'Anglais ça ! », glisse l'éleveuse à son compagnon, en percevant le vrombissement particulier de la voiture de David Hendy: une Audi A3 bleue, volant à droite bien sûr.

Plutôt curieux de nature, et désormais libérés de leur surcharge de travail estivale, les deux éleveurs observent, en toute discrétion, les faits et gestes de leurs nouveaux voisins. Avec déjà un mauvais pressentiment. Dès l'automne 2015, Véronique s'en ouvre aux quelques villageois qu'elle juge dignes de confiance. Et ils ne sont pas nombreux. Parmi eux, Patrick et Pierre-Yves qui résident ponctuellement dans le hameau. Un couple discret qui respecte son environnement, contrairement à d'autres. Au gré des rencontres, des apéritifs et des repas partagés, ils se sont liés d'amitié et aiment refaire le monde ensemble ou débattre de l'actualité, parfois bien fade en comparaison de ce qui se passe sous leur nez.

Un peu plus tôt dans la saison, un échange avec la propriétaire de l'auberge de Soubrebost a intrigué le couple d'éleveurs :

— L'autre fois, un homme habitant à La Forêt est venu manger. Il était grand et charmant, leur rapporte l'aubergiste.

— Ah, ça ne correspond pas physiquement à Philippe en tout cas ! sourit la Creusoise.

— Il était tout seul et on a bien discuté. Il avait un accent anglais.

Par déduction, ils ont compris qu'il s'agissait là de leur nouveau voisin. Deux éléments les ont interpellés : David Hendy est venu manger seul et parle, contrairement à ce qu'il prétend, couramment français car à aucun moment leur interlocutrice n'a mentionné une discussion en anglais. Un mystère de plus autour de cet homme souvent en vadrouille alors que sa compagne reste cloîtrée dans la maison.

Dans un carnet qu'elle tient depuis plus de trente ans, Véronique recense son quotidien : rendez-vous médicaux, observations sur son élevage, contenu de ses échanges… Elle répertorie maintenant les multiples allers-retours du néo-Creusois entre Vidaillat et des lieux inconnus. Ses départs respectent toujours le même rituel. L'Anglais range deux ou trois cages dans sa voiture, pousse le volume de son autoradio au maximum et disparaît dans les lacets de la forêt, le coffre grand ouvert. S'il n'y a rien de mal à avoir ses petites manies, le sixième sens de Véronique est catégorique : c'est louche. Elle s'intéresse désormais davantage au comportement de David Hendy qu'aux aboiements de ses chiens. Un soir, Philippe et elle ont échafaudé le pire des scénarios quand l'Anglais est rentré dans la maison et a mis la musique à fond durant trois longues heures. Que se passait-il à l'intérieur ? Sandra était-elle en danger ? Ou bien les chiens ? Ils n'ont jamais su.

À côté de ça, les voisins peuvent le croiser à Guéret comme si de rien n'était, faisant tranquillement ses courses. D'ailleurs, Véronique l'a bien remarqué, il est toujours chargé des commissions, jamais sa compagne. Celle-ci n'a aucun contact avec le monde extérieur. Jamais. La seule habitude que le voisinage lui connaisse consiste à se rendre au container. Philippe la salue parfois. Lui aussi a sa routine. Il nourrit chaque jour un chat errant, tout près de l'enclos des Anglais. Il le faisait déjà du temps de Colette. Malin, l'éleveur en profite pour jeter un œil chez les Hendy, avant de faire un rapport détaillé à Véronique. Bien souvent, il n'y a rien à signaler.

Jusqu'à ce jour d'hiver. L'agriculteur brave le froid pour mener à bien sa mission malgré ses doigts engourdis. Dans un silence absolu. On entendrait presque la neige tomber. D'ordinaire, Philippe est accompagné dans sa tâche par le ronronnement de la chaudière au fioul s'échappant de la maison des Anglais, l'un des sons familiers de La Forêt. Son absence le désoriente d'abord puis l'inquiète.

Il se dépêche de rentrer chez lui pour prévenir Véronique.

— Il n'y a plus de lumière chez l'Anglaise ! lance-t-il avant d'avoir passé la porte.

— Elle est peut-être partie...

— Non, mais il n'y a plus de chauffage non plus !

Véronique patiente quelques jours – elle ne veut pas qu'on la soupçonne de s'immiscer dans la vie privée de ses voisins – avant de se décider à prévenir la maire qui fait intervenir des électriciens pour remettre le courant. Impossible pour l'édile de laisser son administrée dans cette situation. Pourtant, elle s'y est mise toute seule : ni elle ni son compagnon n'ont jugé utile de payer les premières factures ! Une fois le courant rétabli, l'Anglaise ne décroche pas un sourire ni n'exprime le moindre remerciement. Ça n'a pas l'air d'être son fort. Inexpressive et désorientée, tels sont les premiers adjectifs dont l'ont gratifiée les voisins.

Peu à peu, Sandra Clifton devient leur principale préoccupation. Philippe s'émeut de la voir passer les fêtes de fin d'année seule dans sa maison.

— Si tu aimes vraiment ta femme, tu ne la laisses pas seule dans ces moments-là quand même, dit-il à Véronique.

L'éleveuse, de son côté, réussit à établir le contact plusieurs fois avec David Hendy. Quand il est là. De longs échanges le long de la route. Parfois même jusqu'à quatre heures de palabres entre anglais et français. Il semble l'apprécier. L'Anglais lui confie être père de deux enfants.

— Mais pourquoi ils ne viennent jamais ? le questionne la Creusoise, décidée à ne pas laisser passer sa chance d'en savoir plus.

Des enfants ? L'information est capitale.

— Ils n'aiment pas les chiens !

Elle n'en obtiendra pas davantage. David Hendy préfère poser les questions, même sans grand intérêt comme lorsqu'il s'étonne de la présence d'insectes à La Forêt. Il semble doué d'ubiquité et a un avis sur tout. Les terribles inondations en Allemagne ? Il y était. Un possible Brexit ? Il peut en débattre des heures avant d'expliquer à quel point cela complique sa situation administrative.

Un dimanche matin, il attrape à la volée un échange entre Philippe et un voisin sur un match de football et s'approche l'air intrigué pour entendre la suite. Pas de doute, il comprend très bien le français. Alors pourquoi s'obstine-t-il à prétendre le contraire ? « Il est vraiment louche cet Anglais quand même ! » s'exclame l'agriculteur en rentrant chez lui.

Le jeune jardinier

Un an après son installation à La Forêt, tout le monde connaît David Hendy. Et pas seulement à cause du vacarme causé par ses chiens ou de son Audi bleue qui détonne dans le paysage. Dès son arrivée, il s'est rapidement présenté à chaque voisin proche, parfois avec sa compagne. Pierre-Yves et Patrick ont ainsi eu la chance d'approcher sa compagne.

Si David leur a paru avenant, elle leur a fait une curieuse impression. Durant tout l'échange, ils n'ont pas entendu le son de sa voix. Pourtant, Patrick excelle dans sa langue natale. Même s'il préfère l'allemand. Ce grand gaillard aux cheveux gris s'est pris d'une passion pour la culture germanophone lors de son service militaire à Fribourg et compte se réinscrire à l'université pour préparer à distance une maîtrise d'allemand après laquelle il court depuis ses études à la Sorbonne.

Sandra Clifton a sans doute été belle, mais son visage osseux est fermé, sans aucune expression, presque transparent. Comme ses yeux qu'elle ne maquille jamais. Ses vêtements sales et passe-partout montrent qu'elle n'attache aucune importance à son apparence. Une femme qui ne sait vraiment pas se mettre en valeur, tel a été le premier sentiment de Pierre-Yves. La cinquantaine bien avancée, l'analyste financier, que tous surnomment affectueusement PYB, cultive un physique svelte et une allure à la fois simple et élégante. Ses petites lunettes fines soulignent un regard aiguisé : il n'a pas besoin de voir quelque chose deux fois pour en restituer les moindres détails.

Par un beau jour du printemps 2016, Pierre-Yves se sent tout à coup épié dans son jardin. Il passe le plus clair de son temps à La Forêt dans cet éden d'une vingtaine de mètres carrés bordant la route. Son compagnon a hérité de la propriété où ils viennent se ressourcer un week-end sur deux, à des kilomètres de Paris et de la Normandie où ils travaillent. Un retour sur ses terres bienvenu pour Patrick, féru de généalogie, qui se targue de posséder des racines à La Forêt depuis le XVIIe siècle. Leur enclos bien soigné, délimité par des arbustes, leur permet de voir sans être vus. À droite : un immense champ et des bois. À gauche : plusieurs bâtisses. Celle de Carole et Jean puis la maison des Anglais accolée à une petite habitation mitoyenne inoccupée.

En gagnant la haie, Pierre-Yves découvre un jeune d'une trentaine d'années planté sur le terrain des Anglais. Torse nu sous le soleil creusois, l'inconnu le fixe. Quand leurs regards se croisent, il lève la pelle qu'il tient à la main, la plaque contre son buste et l'enserre en croisant les bras à la manière d'un guerrier prêt à en découdre. PYB ne bronche pas. Peut-être cherche-t-il seulement à couvrir son torse ? Mais il y a autre chose : les jambes du jeune flageolent comme s'il avait peur. De quoi ? Cet épisode restera dans un coin de sa tête. Il se passerait bien des choses bizarres, comme le répète Véronique.

Le trou

À l'été 2016, Jean remarque un trou énorme dans son grillage. Nul besoin de s'interroger sur l'identité du responsable. Quelques instants plus tôt, son voisin David s'est mis en tête de tondre l'herbe de son terrain avec un rotofil. L'activité manuelle est loin d'être l'un de ses atouts. Il délègue d'ordinaire les tâches ingrates à sa compagne. Qu'importe, il a tenté et… failli. La lame du rotofil s'est prise dans le grillage. Alertés par les jurons de Jean, Véronique et Philippe tentent d'éteindre sa colère. D'abord embarrassé, Hendy retrouve vite un certain aplomb pour leur annoncer qu'une équipe de copains débarquera bientôt d'Angleterre pour travailler chez lui. « Il n'y aura plus ce genre de problèmes. Je vous le garantis. »

Personne ne tient vraiment compte de cette promesse. Il a fait la même à Martine Laporte, en mentionnant cette fois-ci des amis irlandais, mais nul n'est venu. Pourtant, en une très chaude après-midi d'août, Pierre-Yves, en pleine utilisation contrôlée de son rotofil, le constate de ses propres yeux : l'engagement de David Hendy est tenu. À cinquante mètres de chez lui, un homme âgé coupe l'herbe avec une faux. Il est différent de la dernière fois, dépassant la soixantaine.

L'homme revient le lendemain puis tous les jours. Il dort sous une tente canadienne plantée devant la maison où il n'entre jamais. Ses tâches ? Couper d'imposantes ronces avec des sécateurs, déplacer des sacs énormes pour les jeter dans une carrière ou bien encore ratisser l'herbe avec ses mains. L'éleveur de beagles l'emmène toujours avec lui quand il quitte La Forêt, comme s'il ne souhaitait pas le laisser seul avec sa compagne. Cela jusqu'à la fin de l'automne. Le temps pour Harry ou Albert – les voisins n'ont pas bien saisi son prénom – de nettoyer l'enclos au millimètre. Et de passer plusieurs nuits bien agitées en raison d'une météo capricieuse. De semaine en semaine, les habitants de La Forêt voient le vieil homme peiner de plus en plus à remonter le terrain de sa tente au portail. Il maigrit à vue d'œil, ce qui fait dire à l'un d'eux : « Il est en train de le faire crever ! » Au début du mois de novembre, plusieurs voisins assistent à une autre scène sinistre : le dos seulement protégé d'une chemise à carreaux, le vieil ouvrier arrache des souches sous la grêle tandis qu'Hendy le supervise depuis une fenêtre de la maison, bien au chaud. Et, pour nourrir son esclave, le maître lui jette une assiette avec beaucoup moins de délicatesse que s'il avait servi l'un de ses précieux chiens.

C'en est trop pour Véronique qui se rend à la brigade de gendarmerie de Bourganeuf.

— Il y a un homme exploité près de chez nous ! Il dort dehors par tous les temps. Il fait des tâches ingrates et tient à peine debout !

Le signalement est pris au sérieux par les gendarmes. Ils se déplacent quelques jours plus tard jusqu'au domicile du couple anglais.

— Bonjour Monsieur, on nous a signalé la présence d'un homme vivant chez vous dans de très mauvaises conditions. Pouvez-vous nous expliquer ?

— Ah non, non. Vous vous trompez, il va très bien. C'est un copain. Un ancien des forces spéciales, il aime vivre comme ça. Il n'y a aucun souci, assure David Hendy, toujours très chaleureux avec les hommes en bleu.

L'explication leur suffit. Ils n'insistent pas. Au plus grand désarroi du voisinage. Deux jours plus tard, l'homme disparaît. Harry ou Albert ? Les voisins ne l'ont jamais su.

Premiers contacts

Ici, c'est souvent quitte ou double pour les derniers venus. Quand ils font le nécessaire pour s'intégrer, c'est la belle vie à la campagne. Sinon, c'est compliqué.

Depuis l'arrivée des Britanniques, les sens des voisins sont mis à rude épreuve : aboiements continus, relents d'excréments, et cette Audi bleue qui file à toute vitesse entre les bâtisses.

Ils deviennent de vraies commères. Un vrombissement au loin ? Ils sortent ou s'approchent de leur fenêtre pour distinguer s'il s'agit de David Hendy.

On soupçonne, on épie, on fantasme. À la retraite depuis le début de ce printemps 2017, Pierre-Yves et Patrick multiplient les séjours en Creuse. Ils ont donc tout le loisir d'affiner leurs observations sur ce qu'il se passe de l'autre côté de la route. PYB s'intéresse de près aux beagles, ça le change des chiffres.

Régulièrement Sandra guette l'arrivée de son compagnon et lui apporte les chiens à bout de bras pour les faire monter dans sa voiture. David ne prend pas le temps de couper le moteur et redémarre aussi sec, selon une chorégraphie qui paraît réglée au millimètre. Des véhicules immatriculés en Angleterre s'arrêtent de temps à autre devant leur maison. Des acheteurs potentiels ? Les animaux semblent pourtant toujours aussi nombreux. Lorsque leurs aboiements s'interrompent brusquement pendant plusieurs heures, Pierre-Yves se demande si sa voisine n'a pas trouvé un moyen peu orthodoxe de les faire taire.

Lors d'un rare contrôle sanitaire où, comme à chaque fois, elle les a sortis un par un, les chiens sont demeurés étrangement silencieux. Ont-ils été endormis à l'aide de médicaments ? Combien se trouvent dans la maison ? Il a fait des recherches sur la légalité de l'élevage, pour s'assurer que tout était en règle, sans rien trouver.

Et Sandra ? Il le sent, l'énigmatique blonde n'est pas libre de ses mouvements. PYB ne peut l'approcher que lorsqu'elle sort les poubelles. C'est-à-dire uniquement le lundi soir. Un autre rituel.

Dès que l'Anglaise franchit le portail, il se rue à l'extérieur pour ne pas manquer l'occasion de grappiller des informations, même minimes. Ils échangent parfois quelques mots, sans grand intérêt. Sandra se montre peu réceptive.

Les choses changent quand Pierre-Yves lui présente Café, la petite chienne que Patrick et lui ont adoptée. Entre promeneurs de chiens, ils se comprennent. Les échanges deviennent plus cordiaux. Sandra est séduite. Sans qu'elle s'étende pour autant sur ses conditions de vie, affirmant se plaire en Creuse. Après l'une de leurs rencontres devant les containers, le jeune retraité s'enhardit à fouiller les poubelles. Et tombe sur d'immenses sacs d'emballage de croquettes, pesant plusieurs dizaines de kilos. Les sacs sont scellés. Pierre-Yves, pourtant très pragmatique et peu avide de sensationnel, se met à imaginer des choses horribles, des chiots morts, par exemple. Il décide d'immortaliser, à l'aide de son téléphone portable, ces étranges détails qui viennent perturber la sérénité de sa vie creusoise. Une soixantaine de clichés volés comme un paparazzi à la Greta Garbo locale.

Plus souvent dans le bourg que dans les villages, Martine Laporte n'a pas encore eu l'occasion de rencontrer l'Anglaise. La Forêt est loin d'être le seul hameau de la commune de Vidaillat, même si en ce moment c'est sans doute le plus animé. En revanche, la maire tente régulièrement d'entrer en contact avec David Hendy, qu'elle voit parfois passer au volant de sa voiture depuis la fenêtre de son bureau à la mairie. Celui-ci ne lui répond plus. L'élue sollicite à nouveau les services vétérinaires de la Creuse. Fin 2017, une réunion est organisée. Les autorités sont informées. Pourtant rien ne bouge.

Le nom

Au printemps 2018, le curieux fonctionnement du couple anglais est bien intégré au quotidien de leurs voisins. Ils calculent désormais la durée des absences de l'éleveur de beagles. Quelques jours, parfois des semaines ou même un mois. Chacun de ses retours met tout le monde en alerte : Véronique et Philippe quittent leur bergerie, Pierre-Yves et Patrick se plantent dans leur jardin, Léon et Germaine, quand ils sont là, mettent le nez à la fenêtre.

Lorsqu'ils se retrouvent chez les uns ou les autres, son nom est sur toutes les lèvres. Les voisins brûlent d'en savoir plus mais les recherches menées sur la toile n'ont rien donné. Aucune trace de David Hendy ni de Sandra Clifton. À se demander s'ils ne vivent pas sous des noms d'emprunt. Ce ne serait pas si étonnant. Resterait alors à savoir pourquoi.

— Si j'avais sa véritable identité, comme je suis pointu avec internet, je pourrais en savoir plus…, suggère PYB, au cours d'un dîner chez Véronique et Philippe.

— Il faudrait que je voie avec René qui doit avoir son nom sur l'acte de vente. Oui ! Ce serait une bonne piste ! enchaîne Philippe.

Le fils de Colette, René, qui a vendu la maison aux Anglais, a certainement ces informations. Il est resté proche des habitants de La Forêt et garde un œil sur ce qui s'y passe. Lorsque Philippe prend contact avec lui quelques semaines plus tard, René rappelle à l'éleveur qu'il lui a envoyé l'acte de vente et une photo du chèque d'achat à l'arrivée du couple britannique. Les documents dont il ne savait que faire à l'époque sont sans doute stockés quelque part dans son téléphone.

Une dizaine de jours plus tard, Véronique et Philippe dînent chez leurs amis. La conversation roule sur David Hendy, revenu à La Forêt un peu plus tôt dans l'après-midi.

— Ses absences sont de plus en plus longues, vous avez remarqué ? relance Pierre-Yves.

— Mais oui, la pauvre… Tu penses qu'il lui fait de grosses courses avant de partir ? demande Véronique.

— Il faut l'espérer… Si j'avais son véritable nom…

— Ah, mais attends, je l'ai, en fait. René me l'avait envoyé quand ils sont arrivés ! s'exclame Philippe.

L'agriculteur sort son smartphone, tapote sur l'écran et retrouve les précieux documents.

— Il faudrait que tu essaies avec le nom Freegard !

Pierre-Yves lance une recherche Google. Toujours aucune trace de l'élevage de chiens. Déception des convives. En revanche, plusieurs articles de la presse anglaise mentionnent ce nom dans leurs titres. Il clique sur l'un d'eux.

Robert Hendy-Freegard

À la lecture de l'article, Pierre-Yves se lève de sa chaise, estomaqué. Il ne peut plus quitter l'écran des yeux. Il lit d'abord lentement, attendant la traduction simultanée, puis de plus en plus vite à mesure que les phrases en français apparaissent sur l'écran. Autour de la table, on pense d'abord qu'il a forcé sur la boisson ou cherche à faire une mauvaise blague. Mais, au fil de son récit, un silence pesant s'installe. Toutes leurs suppositions sont en deçà de la réalité. Leur voisin, mieux connu sous le nom de Robert Hendy-Freegard, a été condamné à la prison à perpétuité le 6 septembre 2005 devant le tribunal de la Couronne à Blackfriars, au terme d'un procès-fleuve de huit mois pour enlèvement, vol et escroquerie. La fin d'un long voyage pour le Britannique. Ou presque.

Né en 1971, Robert Freegard grandit avec sa sœur et sa mère, qui les élève seule, dans le Derbyshire. Malgré ses efforts, il ne brille pas à l'école et décroche à 14 ans. Pour s'occuper l'esprit et les mains, il s'inscrit à un programme de formation pour jeunes en charpenterie et menuiserie au Nottingham College. Il y restera deux ans sans valider de diplôme. Il vit ensuite de petits boulots et menus larcins tout en s'orientant vers ce qui lui plaît vraiment : séduire les femmes.

À commencer par une enseignante, de six ans son aînée. La relation s'achève brusquement au terme de neuf mois d'idylle lorsque la jeune femme découvre que son amant, alors âgé de 20 ans, s'est introduit à son domicile pour voler sa carte de crédit puis vider son compte en banque. Sa première victime.

Pour ces faits de vol, Robert Freegard comparaît devant le tribunal mais échappe à la prison. Pas de quoi le décourager. Si l'enseignante a pris soin de déménager loin de lui jusqu'à Newport dans le Shropshire, au nord de Birmingham, il décide d'en faire de même pour la traquer. Et confie même à ses proches vouloir la kidnapper. Ce qui lui vaut d'être un temps inquiété pour tentative d'enlèvement. Cette fois, il prend conscience qu'il est sans doute allé trop loin.

Il s'insère alors socialement et professionnellement à Newport en devenant barman au Swan, un pub de la ville. Il s'y fait appeler Rob. Trois élèves de l'Université d'agriculture Harper Adams, habitués de l'établissement, se lient d'amitié avec lui. Parmi eux, Maria Hendy avec qui il entame une relation amoureuse en décembre 1992. Elle est toujours accompagnée de Sarah Smith et John Atkinson, tous trois issus de familles de fermiers. Fin janvier 1993, après la fermeture du bar, Robert Freegard révèle à John son vrai métier : agent secret du MI5, le renseignement intérieur britannique, chargé d'enquêter sur une cellule terroriste de l'IRA à l'université. Cette confession intervient quelques semaines après le suicide d'un camarade irlandais qui a traumatisé l'étudiant. « Rob » lui en donne une tout autre version : son ami aurait été tué par l'armée républicaine irlandaise car il avait découvert que des terroristes préparaient des bombes avec des fertilisants. Il en savait trop. « Tu crois vraiment qu'il s'est suicidé ? »

John gobe tout cru la version de Freegard. L'IRA n'a pas abandonné la lutte armée et le pays vit toujours sous haute tension. Le jeune homme commence même à dresser une liste des comportements suspects des étudiants irlandais. Jusqu'au jour où Rob l'informe que sa couverture est grillée. Il faut partir. Le faux agent demande à John de dire à Maria et à sa petite amie, Sarah, qu'il souffre d'un cancer du foie en phase terminale et veut s'offrir une tournée d'adieu à travers l'Angleterre. Après dix jours de route, la chanson *Ordinary World* de Duran Duran en boucle sur l'autoradio, l'étudiant craque et finit par avouer qu'il n'est pas malade. Rob explique alors aux jeunes femmes qu'il est un espion poursuivi par l'IRA. Ils sont tous en danger. Leur seule chance de survie est de le suivre. Les étudiants s'exécutent aveuglément et l'accompagnent de planque en planque. Après les avoir installés, Freegard disparaît plusieurs semaines, voire plusieurs mois. Les autres restent à l'attendre, craignant pour leurs vies. Même lorsque Freegard les place dans des endroits différents, toujours pour leur sécurité. Sarah

Smith passera ainsi de longues années isolée, abandonnée, désorientée.

Maria Hendy est conduite à Sheffield où Freegard l'épouse. Le couple aura deux enfants. Il la laisse souvent seule et, à son retour, se montre parfois violent. Maria y laisse une dent. Il sera démontré pendant le procès que le faux espion contrôle à cette époque jusqu'à cinq femmes à distance. Il mène la belle vie, Rolex au poignet et voitures de luxe, utilisant l'argent de l'une pour courtiser l'autre à grand renfort de cadeaux et dîners coûteux, promettant le mariage. Un nouvel emploi de vendeur de voitures à Londres lui a permis de trouver d'autres victimes. À ses collègues, il sert la même histoire d'agent secret, évoque de mystérieux rendez-vous dans des hôtels et change régulièrement de cartes SIM.

C'est une Américaine, Kimberley Adams, qui provoque la chute de Robert Hendy-Freegard – il a accolé le nom de Maria au sien juste avant leur séparation, en 2001. Rob a promis à cette psychologue pour enfants de l'épouser si elle acceptait, à l'instar des autres, de ne plus parler à sa famille mais aussi d'entrer au MI5. Il lui a demandé de quitter son emploi en prétextant une maladie grave. Et lui a extorqué de l'argent, tout comme à ses autres victimes. Le prix de sa protection. N'a-t-il pas, selon ses dires, déjà tué dans l'exercice de sa mission ?

Mais Robert ignore que Scotland Yard et le FBI, alerté par la famille de Kimberley, sont sur ses traces. Arrêté en mai 2003, il se mure dans le silence. Lors de son procès, deux ans plus tard, plusieurs de ses victimes ont fait le déplacement.

Des proies tombées sous « le charme sournois de cet escroc égoïste qui ne montre ni remord ni compassion pour la dégradation et la souffrance qu'il leur a infligées », selon la juge. Le montant de ses détournements a été évalué à un million de livres.

À 34 ans, le Britannique est donc condamné à la prison à perpétuité. Mais, en avril 2007, il fait appel. Ses conseils invoquent l'absence de contrainte physique sur les personnes qu'il a manipulées. Toutes étaient libres de partir. Faute de preuves du contraire, le kidnapping n'est pas caractérisé. La cour d'appel casse le jugement. Robert Hendy-Freegard sort de prison en 2009 pour reprendre une vie presque normale.

Contrôle coercitif

Freegard est aussi mentionné dans un article traitant du contrôle coercitif, infraction pénale introduite dans le droit anglais par le Serious Crime Act de 2015 et censée mettre fin au flou juridique entourant les notions d'emprise et de violence psychologique. Si le procès avait eu lieu dix ans plus tard, l'Anglais serait certainement toujours derrière les barreaux.

Le concept n'évoque pas grand-chose aux quatre amis qui cherchent à en savoir plus. Dès 2007, un professeur américain, Evan Stark, y a consacré plusieurs textes dont un ouvrage intitulé *Coercive Control: How Men Entrap Women in Personal Life*. Certains extraits ont été traduits par la sociologue Pauline Delage dans un ouvrage sur les violences conjugales paru en 2017. Selon Evan Stark, cette manipulation singulière serait une « conduite calculée et malveillante déployée presque exclusivement par les hommes pour dominer une femme, en entremêlant des violences physiques répétées avec trois tactiques tout aussi importantes : l'intimidation, l'isolement et le contrôle. Le principal préjudice infligé par les hommes violents est politique, et non physique, et relève de la privation de droits et de ressources nécessaires à la personne et à la citoyenneté ».

Cette première partie de la définition leur paraît toujours un peu abstraite, mais la suite parle davantage aux Creusois : « Les victimes de contrôle coercitif sont fréquemment privées de ressources financières, de nourriture, d'accès à la communication et aux transports, alors même qu'elles sont coupées de leur famille, de leurs amis et de tout autre soutien. Mais, contrairement à d'autres formes de crimes, le contrôle coercitif est personnalisé, il s'étend dans l'espace et dans le temps, et il est genré dans la mesure où il s'appuie sur la vulnérabilité créée par des inégalités. Une autre différence tient à son objectif. Le contrôle coercitif est déployé pour garantir les privilèges des hommes, qui incluent l'utilisation du temps, le contrôle des ressources matérielles, l'accès à la sexualité, et les services personnels. Comme les agressions, le contrôle coercitif porte atteinte à l'intégrité physique et psychologique des victimes. Mais le principal moyen pour instaurer le contrôle est la micro-régulation des comportements quotidiens associée aux stéréotypes quant aux rôles féminins, comme leur vêtement, la cuisine, le ménage, les relations aux autres, le soin des enfants, et la sexualité. »

La description colle parfaitement aux récits des victimes de Freegard, mais surtout à ce que les voisins connaissent du quotidien de Sandra Clifton.

Le pacte

Grâce à la dizaine d'articles parcourus en quelques heures, les quatre habitants de La Forêt disposent d'un portrait complet de celui qu'ils appellent maintenant par son véritable nom. Le doute n'est pas permis, Sandra Clifton vient s'ajouter à la liste des victimes de ce sale manipulateur qui se prend pour James Bond. Véronique est écœurée. Impossible qu'il continue de perpétrer ses crimes en toute impunité.

Tard dans la nuit, les amis décident pourtant de ne rien dévoiler de son passé aux autres habitants. Non qu'ils craignent pour leur intégrité physique mais mieux vaut faire avancer les choses discrètement afin de protéger Sandra. En revanche, Véronique alerte l'une de ses connaissances au service départemental du renseignement territorial. Celle-ci ne peut pas faire grand-chose mais promet de remonter les informations à sa direction.

Au hameau, il y a désormais ceux qui savent et ceux qui ne savent pas. Les premiers sont sur leurs gardes, les autres restent intrigués par ces Anglais au comportement singulier. Les réunions secrètes autour d'une table ou derrière une haie galvanisent les espions en herbe. Un mélange de peur et d'excitation. À la seule évocation de son nom ou, pire, à la vue de sa voiture, un frisson parcourt leur corps, le cœur s'agite, la gorge se noue. Plus rien ne sera comme avant. Ils ont le sentiment d'être au cœur d'un scénario de film ou de série dont ils ne peuvent devenir les acteurs sous peine de ne pas contrôler la fin.

Leur vigilance s'accroît. Tous les jours, chacun à leur tour, ils cherchent à apercevoir Sandra. Déjà pour s'assurer qu'elle est toujours en vie. Le quatuor n'est pas loin d'espérer un accident : au moins, les secours pourraient intervenir, la prendre en charge, l'extirper de sa prison. Ils regrettent de ne pouvoir déposer plainte à sa place.

S'ils gardent le silence devant les autres voisins, ils décident néanmoins de faire part de leurs inquiétudes aux gendarmes, sollicités à maintes reprises. La réponse, toujours la même, ne leur laisse pas grand espoir : impossible d'interpeller le Britannique sans motif légitime, quel que soit son passé. Un jeune militaire est régulièrement mis dans la boucle. Il note les observations du voisinage. Même les plus étonnantes : Sandra mangerait des croquettes pour chien. S'il s'agit là d'une stratégie pour accélérer une éventuelle procédure, c'est peine perdue.

Robert Hendy-Freegard se fait de plus en plus discret. Quand il est là, ses voisins pensent qu'il ne dort pas dans la maison. Qu'il passe sa nuit dans un hôtel ou dans une chambre d'hôte tout près. Laissant sa compagne seule. Comme Maria Hendy, Sarah Smith et toutes les autres.

Jeannette et Marc

Robert Hendy-Freegard demeure soucieux d'entretenir de bons rapports avec son voisinage. Une stratégie délibérée pour mettre les habitants dans sa poche ou une disposition naturelle ? En tout cas, il s'évertue à faire le premier pas. En septembre 2018, un couple de retraités emménage dans la maison de Carole et Jean qui ont quitté le hameau après leur séparation. Avec l'Anglais, ce n'était pas l'entente cordiale, encore moins depuis l'épisode du rotofil.

Celui-ci saisit donc l'occasion de partir sur des bases saines avec ses nouveaux voisins. Il vient les saluer chaleureusement par-dessus le grillage qui délimite leurs propriétés et leur offre une boîte de chocolats. C'est ainsi que Jeannette et Marc font la connaissance de David Hendy. Peu à l'aise avec la langue de Shakespeare, les retraités jonglent avec Google Traduction pour le remercier. L'éleveur de beagles a ainsi tout le loisir de les observer. Un couple physiquement peu assorti, l'alliance d'un merle et d'un héron. La haute taille de Marc, ses rares cheveux blancs laissant apparaître un crâne dégarni contrastent avec la silhouette menue de sa femme à l'épaisse chevelure noir de jais. Ils semblent heureux d'être aussi bien accueillis.

Natif de la commune voisine de Soubrebost, Marc a quitté le département à l'adolescence pour faire carrière à Limoges, plus grande ville du Limousin avec ses cent trente mille habitants. Après une vie bien remplie en région parisienne, Jeannette, mère et grand-mère, est tombée sous son charme débonnaire lors d'un séjour en Dordogne. L'ancien mécanicien vit à la bonne franquette et n'ouvre la bouche que pour faire un bon mot. C'est un blagueur invétéré. Ses études ? HEC : « hautes études communales », plaisante-t-il souvent.

Jeannette passe pour l'intellectuelle du couple. Elle a longtemps travaillé dans une imprimerie avant de devenir cadre dans une maison d'édition puis de terminer sa carrière comme typographe. Ses livres préférés ? Des romans noirs ou des récits d'enquêtes qui lui évoquent celles de son père policier. Et si ce dernier ne l'a pas autorisée à battre le pavé en mai 68, elle s'est tout de même forgé une âme de rebelle. Toujours prête à nager à contre-courant. Comme son compagnon.

Mais pour le moment le couple de septuagénaires n'aspire qu'à poursuivre tranquillement son idylle dans cette imposante demeure à l'entrée du hameau, en venant de Soubrebost, ou à la sortie si on le traverse depuis Vidaillat. Dans le jardin, l'ancien mécano a entreposé ses nombreuses pièces de voitures anciennes et même un véhicule entier. Une imposante moto trône dans l'une des pièces du rez-de-chaussée. Juste à côté de la salle à manger où Jeannette aime à passer ses soirées devant la télévision. Elle dévore les émissions de faits divers et zappe sur différentes chaînes de la TNT en compagnie de son fidèle yorkshire et du chat de Marc qui cohabitent plus ou moins pacifiquement.

Le couple n'ignore pas que chacun s'épie dans les petits villages, mais à La Forêt peut-être davantage qu'ailleurs. Après avoir inspecté les alentours, Marc a glissé à sa compagne : « Il y a un truc pas normal ici. »

« Attendons de voir… », lui a répondu Jeannette de sa voix légèrement éraillée par le tabac. Elle privilégie les phrases courtes, entrecoupées de pauses régulières, pour bien se faire comprendre. Autant aller à l'essentiel. Derrière ses imposantes montures noires, son regard acéré suit les comportements de chacun.

« Jeannette ! Monsieur ! » appelle souvent le sympathique David Hendy en agitant sa main pour leur demander de s'approcher du grillage. Un jour, un paquet de bonbons, un autre, des viennoiseries. Le voisin anglais est un habitué d'une boulangerie de Guéret qu'il rallie quelques minutes avant la fermeture pour bénéficier d'un gâteau gratuit pour trois achetés. Jeannette et Marc se délectent ainsi de nombreuses tropéziennes. Comment refuser ? Ils lui rendent la pareille. Par politesse mais aussi pour entretenir de bonnes relations. Toujours utile à la campagne. Bouteille de vin, persil, œufs et tomates cerises passent régulièrement de part et d'autre du grillage. C'est un peu la fête des voisins tous les soirs. À une exception près : chacun mange chez soi.

Le véhicule de ce voisin charismatique ne laisse pas insensible l'ancien mécanicien. Un bolide immatriculé en Angleterre qui détonne parmi les tracteurs et les breaks. Sa mise est à l'avenant, toujours classe : souliers fins, chemise et pantalon de coton.

— Regarde, il n'aime pas se salir... fait remarquer Jeannette à son compagnon en assistant à une scène devenue ordinaire de ce côté de La Forêt.

Quand David Hendy arrive en Audi devant son enclos, il ne pose pas le pied à terre pour ouvrir le portail. C'est la mission de sa compagne. Toujours aux aguets, elle enfile rapidement ses bottes pour déverrouiller le cadenas avant qu'ils ne s'engouffrent tous deux dans la maison. L'un des rares moments où elle quitte sa demeure. Peu importe pour Jeannette et Marc : ces Anglais, certes particuliers, sont bien gentils.

De l'autre côté de la route, Pierre-Yves et Patrick n'échappent pas non plus à la générosité de l'Anglais. Mais ils sont moins faciles à amadouer. Ils savent. Freegard qui a pris l'habitude de rapporter des produits anglais à Jeannette à chaque retour de voyage glisse un jour un catalogue dans la boîte aux lettres des deux hommes.

— C'est si vous avez besoin de produits d'Angleterre, n'hésitez pas ! dit-il en les gratifiant d'un sourire amical.

— Merci mais nous pouvons les trouver chez Marks & Spencer à Paris, où nous allons souvent, répond

Pierre-Yves, quelque peu exaspéré par cette bonhomie de façade.

Quand Patrick et lui remarquent que Sandra n'a plus de quoi se nourrir correctement, ils lui apportent des biscuits de la fameuse enseigne britannique. Et elle en pleure comme une enfant au matin de Noël.

Enquêtes

Connaître le lourd passé judiciaire de son voisin est une chose. Vivre avec en est une autre. De quoi est-il capable ? Sait-il qu'ils savent ? Comment protéger Sandra ? Ces questions taraudent le quatuor d'apprentis enquêteurs. Et le secret se révèle bien vite un poids difficile à supporter. La tension créée par les allers-retours de Freegard et leurs multiples suppositions quant à ses faits et gestes les épuisent. D'autant que la vie continue avec ses hauts et ses bas. Les éleveurs de moutons croulent sous la tâche et Véronique, plombée par des difficultés personnelles, craque. Le 10 janvier 2019, au lendemain d'une nouvelle visite du faux espion à La Forêt, elle appelle Martine Laporte :

— Tu es chez toi ? J'arrive.

Tout le passé de l'Anglais est déballé à la maire de Vidaillat, articles à l'appui. Véronique somme l'élue d'intervenir. Forte de son expérience, celle-ci choisit de se montrer discrète. Elle procède à de nouveaux signalements et écarte l'éventualité d'en parler dans la presse locale. L'objectif est clair : mettre un terme aux agissements de son administré sans communiquer au plus grand nombre. Par peur qu'il s'en aille avec Sandra et recommence ailleurs. La nouvelle se répand pourtant. Comment pourrait-il en être autrement ?

Léon n'est guère surpris. Le mirador consacre lui aussi de longues heures à compulser les articles et Robert Hendy-Freegard n'a bientôt plus de secrets pour lui. Il pourrait même devenir son biographe. Chaque nouvelle découverte est fièrement rapportée à Germaine comme cette photo trouvée sur son profil Facebook, hommage appuyé à James Bond. Une provocation ?

Le retraité connecté rejoint même une discussion sur le site Reddit où plusieurs internautes recensent les dernières informations concernant le Britannique. Il enregistre chaque lien et effectue de nombreuses captures d'écran. Sur le bureau de son ordinateur, il crée un dossier sobrement intitulé « Robert Hendy ». Mais un détail titille sa curiosité. Pourquoi l'Anglais est-il sorti de prison aussi rapidement ? Léon tombe aussi sur cette notion de « contrôle coercitif » et creuse le sujet. L'expression remonterait à la guerre de Corée au début des années 1950. Des aviateurs américains capturés puis remis en liberté ont accepté de collaborer avec l'ennemi sans avoir subi de tortures physiques. Interpellée par ces agissements, l'armée a fait appel à Albert Biderman, chercheur en psychologie sociale, pour comprendre et surtout expliquer. Une liste de méthodes de coercition a ainsi été établie : monopoliser la perception, induire l'épuisement, menacer ou dégrader la victime et exiger des actions stupides et insensées. Ce contrôle qui s'inscrit dans le temps et la répétition peut se traduire dans une relation conjugale par un droit de regard sur les dépenses et la confiscation de documents administratifs…

Désormais au fait des stratégies de manipulation, Léon pense tenir une piste pour expliquer l'arrivée du couple anglais en France : Robert Hendy-Freegard aurait migré vers l'Hexagone parce que le contrôle coercitif n'y est pénalement pas reconnu. La déduction semble évidente pour le mirador. Mais comment le prouver ? Il décide de ne pas griller les étapes. Chaque chose en son temps. De sa longue carrière dans l'industrie graphique où circulent de nombreux courriers de commandes, Léon a retenu que les écrits sont importants. Alors, il ne se prive pas et adresse plusieurs courriers à différentes autorités.

Martine Laporte aimerait bien mener des recherches mais n'en a ni le temps ni la capacité : l'anglais n'est pas sa tasse de thé. L'édile préfère missionner Helen en lui faisant part de ses doutes sans pour autant révéler la véritable identité de David Hendy afin d'éviter de la mettre en danger. À elle d'enquêter sur la mystérieuse Sandra Clifton. Message reçu cinq sur cinq par l'ancienne chasseuse de têtes. Helen repère rapidement plusieurs articles dans les journaux locaux anglais. L'un montre l'Anglaise souriante à un concours canin, un beagle dans les bras. Un autre la mentionne comme unique propriétaire de l'élevage « Lemon Croft Beagles » à Wokingham dans le comté de Berkshire, à l'ouest de Londres. Helen dégote le site internet de l'élevage créé en 2013. L'interface ne fonctionne plus et le numéro inscrit dans la partie contact ne répond pas. En revanche, plusieurs photos restent visibles. Les légendes indiquent que Sandra est l'unique propriétaire des chiens.

En épluchant le registre électoral de Wokingham sur la période 2002-2008, Helen trouve une Sandra Clifton résidant avec Mark et Sophie Clifton. Est-ce bien la même personne ? Difficile à vérifier. En revanche, passé 2015, plus aucune trace de la Britannique. Helen, très sensible à la question des conditions de vie des femmes à la campagne auxquelles elle a consacré un livre jamais publié, a un mauvais pressentiment. D'autant qu'elle n'a jamais vraiment apprécié David Hendy.

Après un rapport circonstancié à Martine Laporte, celle-ci lui demande d'établir le contact avec Sandra dans sa langue natale. Ce sera peut-être plus simple pour obtenir des informations. À Helen de trouver le moment opportun.

Miss Marple

Jeannette consacre son premier printemps dans le hameau à entretenir son jardin. Elle désherbe, ramasse des orties, plante quelques fleurs. Seuls les aboiements continus des beagles troublent sa bulle verte. Ses remontrances polies ne rencontrant aucun écho de l'autre côté du grillage, elle va se plaindre à la mairie. Et en profite pour demander les plans du cadastre. La retraitée commence à nourrir de sérieux doutes sur ses voisins anglais. Comme l'a senti Marc dès leur arrivée, il se passe quelque chose d'étrange. David Hendy se montre trop gentil pour être franc.

Et sa compagne ne vit pas dans des conditions normales.

Jeannette, encore considérée comme une étrangère, n'a pas été mise dans la confidence. Elle ne connaît même pas le nom de famille de Sandra dont le sort ne cesse de l'inquiéter. La barrière de la langue n'aide pas. Lorsqu'elle l'aperçoit, Jeannette parvient tout juste à demander : « *Are you OK?* » Sandra répond toujours de la même façon : un timide « *yes* » accompagné d'un pouce levé.

Et si David Hendy continue de jouer de son charme, il lui apparaît de plus en plus comme un mythomane. Il suffit de l'écouter dérouler sa longue liste de projets dans le hameau. La construction d'un chenil haut de gamme ou d'une grande piscine. L'achat de la petite maison mitoyenne pour installer un magasin de produits anglais. Projet avorté car il a longtemps repoussé les négociations avec les propriétaires, prétextant entre autres la mort de l'un de ses enfants… Le ton détaché avec lequel il avait lâché l'information avait fait tiquer les voisins, d'autant qu'ils n'ont jamais vu sa compagne dépasser le portail pour se rendre à de supposées funérailles. Les vendeurs ont fini par couper court à la transaction. L'Anglais ignore que toutes les informations le concernant, hormis sa véritable identité, sont immédiatement partagées.

La demeure convoitée est finalement achetée en décembre 2019 par un couple de retraités venus de Lorraine. Tant pis pour son prétendu projet. Les discussions tournent désormais autour de ses revenus.

— Tu penses qu'il vit de quoi ? demande Véronique à son compagnon. Ça a l'air de rouler pour lui !

— De son élevage, non ? Il a peut-être des champions…

— Mais tu ne trouves pas bizarre que personne ne vienne le voir cet élevage ? S'il est si réputé que ça, ça devrait attirer du monde…

Sandra Clifton de son côté flotte dans ses vêtements et consacre ses maigres forces à s'occuper des beagles dont elle ramasse les crottes à longueur de journée. Philippe l'a aperçue un soir apporter une assiette à Robert Hendy-Freegard allongé sur un banc. Après l'avoir regardé manger, elle est repartie avec les couverts. Elle a ensuite sorti un des chiens pour l'emmener jusqu'à lui avant de retourner dans la maison de la même démarche mécanique. Concernant les beagles, le mystère reste entier : nul ne sait combien occupent la maison. Suffisamment sans doute pour participer aux nombreux concours auxquels les inscrirait Robert Hendy-Freegard, ce qui expliquerait ses absences répétées. Plusieurs voisins ont trouvé des photos de lui, très élégant, sur des sites spécialisés. Il y est même inscrit sous sa véritable identité. Quel culot ! Mais après tout, il n'est pas poursuivi par la justice. Libre de circuler autant qu'il le souhaite tandis que Sandra, isolée, s'enferme à clé jusqu'à son retour. Nul besoin de geôlier. Seule une urgence pourrait l'obliger à se confronter au monde extérieur.

À l'hiver 2019, l'Anglaise vient pour la première fois à la rencontre de Jeannette. Elle est sans électricité depuis plusieurs jours. Là, il ne s'agit pas d'un problème de factures : le lave-linge a disjoncté et grillé le compteur. Impossible de faire cuire les rares aliments dont elle dispose. Et son compagnon ne lui envoie plus de quoi se nourrir. Au grillage, elle demande à Jeannette de s'approcher d'un timide signe de la main pour lui tendre un billet de cinquante euros accompagné d'une liste de commissions. Elle aimerait aussi charger son téléphone. Sans batterie, elle n'a plus aucun lien avec David.

Se sentant investie d'une mission capitale, Jeannette s'empresse de faire les courses. Marc propose à Sandra de jeter un œil aux installations électriques de sa maison. Il essuie un non catégorique. Rien d'étonnant. Quelques semaines plus tôt, elle avait d'abord accepté sa proposition de passer la tondeuse avant de refuser le lendemain sans aucune explication. Un artisan anglais viendra finalement remettre le courant. Comme souvent lorsqu'il y a besoin d'une intervention. C'est entre compatriotes. Lorsque des employés, français, de la compagnie d'électricité viennent relever le compteur, Sandra le photographie et le leur montre à la barrière.

Enhardie par ce début de complicité, Jeannette questionne sa voisine au sujet des enfants. Elle en a bien deux, David n'a pas complètement menti. Leurs noms ? Leur âge ? Où vivent-ils ? Sandra se referme comme une huître. Qu'importe ! Si elle a une famille quelque part, Jeannette doit la retrouver. Son nom de famille figure sur le plan de cadastre dégoté à la mairie : Clifton. Un solide point de départ pour ses recherches. Elle adore se perdre dans les méandres d'internet, épuisant toutes les combinaisons possibles pour en retirer des théories parfois hasardeuses.

Mis au vent de son enquête virtuelle, le voisinage a tôt fait de la surnommer Miss Marple. Série dont elle n'a jamais regardé un seul épisode, au contraire des documentaires sur les femmes disparues et des dossiers grand angle des chaînes d'information. Première piste concrète : « Sandra Clifton » + « beagles » mène à une photo. Le visage avenant de la jolie blonde est bien différent de celui d'aujourd'hui. En revanche, rien sur ses enfants. Chou blanc également sur les réseaux sociaux. Insuffisant pour aider cette voisine réduite, selon Jeannette, à une forme d'esclavagisme moderne. Téléguidée par le portable auquel elle se cramponne de ses mains gercées par les innombrables lessives à la main et qu'elle brandit comme un robot devant chaque visiteur. Une touche suffit pour joindre son compagnon. Il décroche toujours.

Confinés

Le 19 janvier 2020, une inconnue se dirige vers le portail de Sandra. Helen s'est décidée à tenter une approche. Équipée pour la randonnée et accompagnée du chien de son amie. Elle prépare leur rencontre depuis des mois et sait combien ses mots doivent être mesurés. Un écart et elle n'en tirera rien.

Heureux hasard, Sandra se trouve dans le jardin. Elle étend son linge, des loques plutôt, sur un fil et retient l'un des chiens par une laisse attachée à son poignet. Voici l'animal rare que la Creusoise d'adoption n'espérait pas apercevoir avant plusieurs heures.

Le contraste avec les photos trouvées sur internet est glaçant. Malgré les rumeurs, Helen ne s'attendait pas à éprouver un tel choc. Qu'importe, elle se lance :

— Bonjour Sandra… Bon, vous ne me connaissez pas mais…

— Si, je vous connais, la coupe l'Anglaise.

Son compagnon lui a parlé de cette femme avenante susceptible, selon lui, de représenter une menace en raison de sa curiosité et de sa maîtrise de l'anglais. Helen se présente tout de même sans parvenir à croiser le regard de son interlocutrice. Elle a la triste impression d'échanger avec un enfant battu et apeuré. Nouvelle tentative :

— Mais comment vont les beaux petits chiens alors ?

— Ils vont bien, merci.

— Vous avez pu sortir un peu et voir du monde en Creuse ?

— Non, nous n'avons pas beaucoup fait de choses récemment.

— Je vois… Et pour l'élevage, vous avez trouvé des vétérinaires ?

— Oui, nous en avons plusieurs.

— Et votre compagnon David est là ? Ça fait très longtemps que je ne l'ai pas vu.

— Non, il est parti travailler.

Sandra peine à dissimuler sa nervosité. C'est suffisant pour aujourd'hui. Pas question de la brusquer et de ruiner la perspective de futurs échanges. Helen rebrousse chemin, déjà tournée vers la prochaine étape.

La scène n'échappe pas à la vigilance de Jeannette. Jamais la Normande n'a autant épié son voisinage. Dans le 14e arrondissement de Paris, où elle a vécu pendant vingt ans, elle ignorait tout de ses voisins de palier. À La Forêt, elle prend le temps de les regarder, les entend se crier dessus et interprète chaque geste. Elle y a tellement pris goût que c'est devenu une gymnastique quotidienne.

La retraitée et ses voisins sont cependant rattrapés par l'actualité mondiale. Partout, un mystérieux virus fait la une. La télévision montre des villes chinoises désertées, des personnes masquées ou vêtues de combinaisons. Les témoignages d'experts deviennent de plus en plus alarmants. Ils se rassurent en se disant que ça n'arrivera jamais jusque chez eux.

Pourtant, de Wuhan à Vidaillat, la crise sanitaire provoquée par la pandémie mondiale du coronavirus se joue rapidement des frontières. Fin de l'insouciance : la Creuse, bien qu'isolée et peu dense, n'échappe pas à la règle et chacun est tenu de respecter un confinement strict du 17 mars au 11 mai 2020.

Les citoyens de Vidaillat, comme partout en France, doivent rester chez eux. Seuls motifs de sortie autorisés : travail ou déplacement professionnel indispensable, raison de santé, urgence familiale, course, garde d'enfant, activité physique individuelle à proximité du domicile ou promenade d'un animal de compagnie à raison d'une heure par jour.

Afin de faire respecter ces nouvelles règles, les forces de l'ordre exigent une attestation dérogatoire de déplacement. David Hendy semble s'en soucier comme d'une guigne. Jeannette le voit circuler librement. Si les contrôles sont moins fréquents à la campagne, cela semble quand même confirmer ses dires. Peu de temps auparavant, il lui a confié être agent secret. Bien que sur ses gardes, la retraitée reste facilement impressionnable : elle l'a cru sur parole.

— Mais comment vous faites pour vous déplacer comme ça ?

— Laissez-passer permanent.

La voiture étant au nom de Sandra, Miss Marple imagine que, si David mentait, elle recevrait de nombreuses contraventions à son domicile.

Sans surprise, le confinement ne bouleverse pas les habitudes de l'Anglaise. Tout le monde est maintenant à son diapason. A-t-elle pris connaissance de l'actualité? Le terme Covid lui est-il familier? Pendant de longues semaines, elle reste seule sans visite de David Hendy.

À son retour, un détail alimente les messes basses. Son crâne est rasé. La spontanée Jeannette le questionne sur cette nouvelle apparence. Réponse : séquelles d'une opération pour soigner un cancer du cerveau. Il serait en rémission mais aurait perdu ses cheveux à cause du traitement. Quelque peu décontenancée, la retraitée gobe ce énième mensonge. Il ne pourrait pas inventer une telle histoire… Ravie de tenir un scoop, Jeannette en informe le voisinage et s'émeut : « Oh, le pauvre… Vous vous rendez compte? Ça ne doit pas être facile à vivre… » Seul problème : son crâne ne présente aucune cicatrice…

Pierre-Yves, qui a déjà les nerfs à vif, n'en peut plus de voir sa voisine se laisser berner par les sourires du faux espion. Avec Patrick, ils manœuvrent en silence depuis deux ans. Et inscrivent toutes leurs observations dans un journal. Il est temps que Jeannette ouvre enfin les yeux :

— Tu ferais mieux de taper son vrai nom sur Google et tu verras son joli CV. C'est Robert Hendy-Freegard.

En se dirigeant vers son ordinateur, Miss Marple songe aux faits divers les plus sinistres. Un frisson d'effroi la saisit tout de même à la lecture de la page Wikipédia puis des articles. Elle découvre une photo de Freegard jeune. À la différence de Sandra, il n'a pas beaucoup changé. Cette fois Jeannette en est sûre : sa voisine est en danger. Pour autant, la retraitée se retient d'affoler tout le monde. Seul un ami capitaine de police de Limoges est mis dans la confidence. Mais quand il lui demande l'immatriculation de la voiture de Robert Hendy-Freegard, elle refuse de la lui donner. Jeannette préfère mener son enquête par ses propres moyens.

Tous ces éléments sur le passé du Britannique ne font que titiller son imagination. Elle spécule même sur un scénario à la *Nikita*, le film de Luc Besson : il se serait fait recruter par les services secrets au cours de son séjour en prison. Si Jeannette le voit rarement dehors, c'est qu'il dort. Son horloge biologique serait calquée sur celle de ses années en détention. Surtout, elle l'estime capable de tout. Cette histoire colportée par le voisinage sur ce mystérieux ouvrier appelé Harry ou Albert prend une tout autre dimension. Des odeurs suspectes remontent de temps à autre, pourraient-elles provenir de son corps en décomposition conservé dans un sac-poubelle et caché au fond de leur jardin ? Le sujet revient régulièrement dans les conversations du couple de retraités, offrant des échanges surprenants :

— Ou sinon il l'a fait disparaître avec de la chaux ! avance Jeannette, prête à explorer toutes les pistes.

— Tu crois que c'est si facile ? Si tu achètes ça, il y

a des traces. Et puis tu la mets où après la chaux ? Sans compter qu'avec la police scientifique maintenant faut voir… rétorque son compagnon, assez dubitatif devant cette nouvelle théorie.

Marc suit de près l'avancée des recherches, toujours avec l'air de ne pas y toucher. S'il a ajouté « escroc » aux surnoms qu'il donne à son voisin, il se demande surtout ce qu'il se passe avec ces chiens et où va l'argent. Pas à Sandra, c'est certain. Jeannette pense que Robert Hendy-Freegard a conservé tuyaux et relations de sa période prison, il ne lui en faut pas plus pour soupçonner un sombre trafic. Les beagles que l'Anglais emmène, en pleine semaine, pour de soi-disant concours ne reviennent pas toujours. Première option pour les deux apprentis criminologues : les chiens seraient des mules qu'il opérerait des heures durant dans la grange pour les remplir de drogue. Deuxième option : il les revendrait à des laboratoires. Ils ont effectué plusieurs recherches à ce sujet sur internet et découvert que la race était très convoitée.

Toutes ces suppositions ne font guère avancer le dossier Sandra. Pendant les absences de son compagnon, ils tentent de maintenir un lien avec elle en lui donnant régulièrement à manger. Et Jeannette de s'activer dans son salon en quête d'une nouvelle pièce du puzzle.

Dans le rayon

Les pierres de Creuse protègent des étouffantes chaleurs de juillet. PYB se sent aussi bien chez lui que dans un magasin climatisé. Il vient de s'allonger sur le canapé du salon pour lire et pourquoi pas faire une petite sieste quand il perçoit un brouhaha inhabituel. Il gagne le jardin et voit plusieurs voitures se garer non loin de chez lui. Après s'être approché, Pierre-Yves comprend qu'il s'agit d'un rassemblement pour présenter les travaux de réfection de la route. Sandra est là aussi. Elle filme la scène avec son téléphone portable. Comme à chaque fois qu'il se passe quelque chose d'anormal près de sa maison. Patrick et lui en sont persuadés : l'Anglaise informe son compagnon en temps réel de tout ce qui se passe en son absence. Elle a fait de même quand un ouvrier anglais est venu effectuer des réparations dans la maison. À croire que le téléphone ne lui sert qu'à ça. Ne peut-elle l'utiliser pour échanger avec quelqu'un d'autre ? A-t-elle seulement quelqu'un d'autre à contacter ?

Freegard est donc prévenu de l'attroupement et surtout de la présence de tous ces uniformes qui appartiennent en réalité à l'Office national des forêts. Seulement tout uniforme est potentiellement dangereux. Moins d'une heure plus tard, Pierre-Yves le voit débarquer au volant de sa voiture. Il sort de son véhicule, déambule quelques minutes pour inspecter les lieux maintenant désertés puis repart. Cette visite express renforce la thèse du voisinage : il dispose d'un autre point de chute non loin de Vidaillat. Où une autre femme vit sous son emprise ?

Tout le monde a en tête la liste de ses victimes. Ça leur donne des sueurs froides. Les voisins ont l'impression d'assister en direct à un nouveau chapitre de la sinistre biographie de Robert Hendy-Freegard. Un homme décrit comme toujours en mouvement, aux domiciles multiples. Pourquoi aurait-il changé d'habitudes ? L'éventualité d'un second logement alentour prend notamment corps pendant les périodes de restriction liée à la pandémie. Il multiplie les allers-retours, mais peut-être reste-t-il tout de même dans le périmètre autorisé des cent kilomètres ? En recoupant ce rayon de cent kilomètres avec le temps qu'il met pour revenir à La Forêt après un appel de Sandra, les voisins cherchent sur une carte à localiser une autre maison. La commune de Bellac, en Haute-Vienne, présente plusieurs similitudes avec La Forêt. La rumeur s'amplifie dans le village et parvient aux oreilles de la maire. Pragmatique, Martine Laporte prend les devants. Elle appelle son homologue à la mairie de Bellac.

— Bonjour, ici Martine Laporte, maire de Vidaillat, je vous appelle pour savoir si l'un de mes administrés possède une maison sur votre commune. Nous avons quelques soucis avec lui et plusieurs de mes administrés pensent qu'il vivrait aussi à Bellac.

— Bonjour, bien sûr. Dites-moi son nom, je vais essayer de me renseigner.

— Le problème est qu'il a pu vous donner un nom différent. Alors il y a Robert David Hendy Clifton Freegard et Sandra Rose Clifton.

— Bien noté, je vais demander à des agents de la police municipale.

L'édile patiente quelques minutes. Le verdict tombe :

— Nous avons bien des Anglais mais aucun ne porte un tel nom, désolé…

Échec pour les voisins. Ils restent cependant persuadés de l'existence d'un autre pied-à-terre à proximité. Cette conviction rejoint une liste déjà bien fournie avec celle, encore plus inquiétante, de la présence de complices anglais dans le secteur…

Le courrier

Dans la campagne creusoise, le passage du facteur est un rendez-vous incontournable autant qu'un repère quotidien. Pour les plus isolés, il s'agit même de l'unique contact de la journée. Le véhicule jaune est attendu ou redouté, selon qu'il s'agisse d'un colis ou d'une facture. Aux beaux jours, le courrier est souvent remis en mains propres aux destinataires postés dans leur jardin. Seul celui de Sandra Clifton est toujours glissé dans la boîte aux lettres. Mais ce jour-là, le postier a une lettre recommandée. Personne ne sort malgré le tintement de la cloche du portail. Il l'apporte donc à la mairie du bourg. La secrétaire, au courant des remous de La Forêt, ne se fait pas d'illusions. Mme Clifton ne viendra jamais la récupérer. L'idée lui vient alors de demander à Helen si elle ne peut pas la convaincre.

Il est à peine dix heures du matin quand la retraitée s'avance dans La Forêt-Belleville pour arriver à la maison des Anglais. Les volets sont fermés et impossible de toquer à la porte : le portail du jardin est toujours verrouillé par un grand cadenas. Pas de quoi la décourager. Elle crie le nom de Sandra pendant plusieurs minutes. Toujours à l'affût d'un événement, Jeannette la rejoint afin de lui expliquer la situation : « Ce n'est pas la peine… Elle ne sort jamais. Rien n'est normal ici… Elle quitte la maison seulement de temps en temps quand David n'est pas là… On a peur qu'elle manque de nourriture alors on met des légumes dans son jardin de l'autre côté du grillage et elle les prend… »

Helen l'écoute attentivement mais, une fois Miss Marple repartie, elle retente sa chance en s'égosillant. Les chiens sont les premiers à lui répondre. Sandra ouvre enfin la porte et s'approche de la barrière, son portable à la main.

— Sandra, il y a une lettre qui vous attend à la mairie. Je vois que la voiture de David n'est pas là mais je peux vous y emmener car il faut signer avant de la récupérer.

— David la récupérera quand il rentrera de son travail dans quelques jours. Moi, je n'ai pas le droit.

Sandra a la voix nouée.

— Mais pourquoi ?

Ses yeux brillent et une première larme coule sur sa joue.

— Je n'ai pas le droit.

— Mais qu'est-ce qu'il y a ?

— Ça doit être une lettre de mon avocat à cause de l'héritage de ma mère décédée.

— Oh, je suis vraiment désolée pour votre mère…

Vous ne pouvez pas aller aux funérailles en Angleterre à cause du Covid ?

— Non, non, c'était l'an dernier mais j'ai tellement de problèmes. On essaie de m'escroquer. Toute ma famille est contre moi. Mon fils aussi.

— Mais vous avez des enfants ? Je sais que la vie n'est pas toujours simple, croyez-moi.

— Oui, mais je ne sais pas où est ma fille et mon fils est contre moi. On ne se parle plus. Je n'ai que David et les chiens.

— Vous ne sortez pas ?

— Je n'ai pas le droit.

— Sandra, cette lettre est peut-être importante. Il faut venir avec moi. Je peux aussi vous emmener au supermarché ou à la pharmacie si vous avez besoin.

— Non, je n'ai jamais besoin et je ne peux pas sortir. Je n'ai pas le droit, répète l'Anglaise, triturant son smartphone sous l'effet du stress.

Helen, têtue, ne veut pas lâcher l'affaire. Une première victoire semble à portée de main. Elle appelle la secrétaire de mairie et lui demande s'il est possible exceptionnellement d'apporter la lettre recommandée au domicile de Sandra. En moins de dix minutes, le courrier est là. « Sandra, maintenant il faut signer », relance Helen. L'Anglaise s'exécute mais ne dit pas un mot en présence de la secrétaire qui ne tarde pas à repartir. Les deux femmes se retrouvent à nouveau seules. Sandra tortille l'enveloppe dans tous les sens sans regarder ce qu'elle contient.

— Vous ne voulez pas l'ouvrir ? lui suggère Helen.

— Je n'ai pas le droit.

— Bien sûr que vous avez le droit. C'est votre nom sur l'enveloppe.

— Non, je n'ai pas le droit.

Face à cette obstination, Helen adapte sa stratégie. Il faut un sujet de discussion pour en apprendre plus. Son regard est attiré par les chaussures jaunes de l'Anglaise. Pas vraiment à son goût mais mentir est parfois bien utile.

— Vous avez de très jolies chaussures, Sandra !

— Ah oui ? David me les a achetées car les autres tombaient en lambeaux.

— Et d'ailleurs, comment va la vie ici ?

— Ça va, j'ai David.

— Mais vous ne sortez jamais ?

— Ah non, je n'ai pas le droit.

— Il est où David en ce moment ?

— Il travaille.

Son visage se ferme. Elle regarde par-dessus son épaule en direction de la maison. Helen sort un dernier atout de sa manche :

— J'ai une amie à Paris qui travaille pour le magazine *Centrale Canine*. J'ai donc plein de journaux sur les chiens. Est-ce que vous voulez que je les dépose dans votre boîte aux lettres ?

— Oui, peut-être. Vous pouvez.

— Parfait. Et voici mon numéro de téléphone. Sandra, si vous avez besoin de quoi que ce soit, appelez-moi.

Après lui avoir confié sa carte de visite, Helen quitte le hameau. Elle repasse à la mairie pour raconter cette discussion à la secrétaire avant de rentrer chez elle.

À peine arrivée, son téléphone sonne. Au bout du fil : Robert Hendy-Freegard, d'abord charmant alors qu'ils échangent quelques banalités puis nettement moins.

— Vous étiez chez moi. Je le sais. Sandra a été perturbée par votre visite.

— Oui, j'avais une lettre pour elle.

— Ne vous inquiétez pas pour Sandra. Nous avons des amis anglais que vous ne connaissez pas et qui sont là pour elle. Alors ne venez pas chez moi.

— Mais il y avait une lettre pour elle et elle devait la signer.

— Non ce n'était pas pour elle. C'était pour moi.

— Si, c'était pour elle.

— Non, vous vous trompez.

— Non, je suis certaine que c'était pour elle.

— Mais qui vous a dit de venir ?

— C'est le facteur qui n'a pas pu faire signer la lettre quand il est venu chez vous puis la secrétaire de mairie m'a demandé d'en parler à Sandra.

— Et Sandra vous a dit quoi ?

— Pas grand-chose.

— Sandra a des problèmes avec l'héritage de sa mère. Elle lui a laissé plus de 100 000 livres mais Sandra a un contentieux avec son ex-mari et son fils. Les policiers anglais lui ont demandé de ne pas leur parler pendant la procédure. Quand sa mère est décédée, elle a juste reçu un SMS ! Vous ne pouvez pas savoir combien son ex-mari est dangereux pour elle…

Un silence s'installe. Helen ne rebondit pas sur ces explications et joue avec les nerfs du Britannique. Il change de sujet :

— Vous comptez lui offrir des magazines ?

— Oui.

— Vous ne venez pas chez nous.

— Je ne fais rien de mal et je fais ce que je veux d'abord.

— Il y a trop de personnes qui se mêlent de choses qui ne les regardent pas ici.

— Ce n'est pas mon cas.

— Mais vous lui avez donné votre numéro de téléphone. Elle vous appellera, pas l'inverse.

De toute façon, même si elle souhaitait appeler Sandra, Helen n'a pas son numéro et son interlocuteur appelle en masqué.

— Sandra est très nerveuse, vous savez, elle n'a pas confiance en beaucoup de monde, poursuit Robert Hendy-Freegard.

— Ah oui, pourquoi ?

— Parce qu'elle se cache de son ex-mari qui l'a violée.

— Ah… Mais elle ne risque rien ici.

— C'est moi qui m'occupe d'elle et c'est tout.

— Mais elle est très isolée, elle ne sort pas du tout. Des personnes peuvent vous aider à vous intégrer. Il y a notamment des cours de français gratuits à Bourganeuf.

— Ne vous inquiétez pas, nous avons des amis anglais. Je suis même allé à votre club de gym un soir mais je me suis trompé de jour et il n'y avait personne à la mairie.

Nouveau mensonge. La retraitée le sait : il y a toujours quelqu'un à la mairie.

— Veuillez m'excuser, je dois raccrocher car j'ai un rendez-vous. Je suis pressée.

— D'accord. Sandra et moi voulons être tranquilles. Je vous rappellerai si besoin, maintenant que j'ai votre numéro.

Seulement quelques secondes après avoir raccroché, Helen reçoit un nouvel appel. Encore lui. La discussion est cette fois brève et à sens unique :

— Je le répète : ne venez pas chez nous et ne vous occupez pas de nous.

Ces mots sonnent comme une menace. Helen informe immédiatement Martine Laporte. La maire de Vidaillat prend l'initiative de contacter les services sociaux. Quelques semaines plus tard, un courrier est envoyé demandant à Sandra de venir se présenter dans leurs locaux.

Alerté, Robert Hendy-Freegard cherche le responsable de cette intrusion dans sa vie privée. Tout désigne Helen. Il la rappelle en usant d'un ton encore plus agressif.

— On vient de recevoir une lettre. C'est vous qui avez parlé à ces personnes ? Qui sont-elles ? C'est à cause de votre visite chez nous ?

— Alors, d'abord, ce n'est pas moi. Et je me fiche de ce que vous faites.

— Vous allez traduire cette lettre pour moi.

Helen hésite quelques secondes, puis cède à sa requête pour éviter d'envenimer la situation :

— Je n'ai pas beaucoup de temps mais lisez-la-moi au téléphone.

L'Anglais entame la lecture. Helen traduit. Il saisit mieux le contenu du courrier et s'agace :

— Elle ne verra personne sans son avocat !

— Vous êtes carrément ridicule. Son avocat n'a rien à faire là-dedans. C'est sans doute pour vous aider dans vos démarches.

— On n'a pas besoin d'aide. Et Sandra n'a plus du tout confiance en vous.

— Si, sans doute, car je suppose que vos papiers ne sont plus en règle à cause du Brexit.

— Et il y en a marre aussi de la maire de La Forêt ! Il ne faut pas s'occuper des affaires des autres.

— Il n'y a pas de maire à La Forêt ! C'est une élue du conseil municipal.

— De toute façon, nous allons bientôt partir. Ça ne marche pas ici.

— Vous savez, à Rome, il faut vivre comme un Romain…

Comme apaisé par ce proverbe, la voix du Britannique change, devient plus posée, presque douce. Helen a un nouvel homme au bout du fil.

— Pouvez-vous, s'il vous plaît, téléphoner à ces personnes pour leur dire d'annuler le rendez-vous car Sandra préfère attendre ?

— Euh oui, si vous voulez.

Le peu d'empressement d'Helen n'est pas du goût de Robert Hendy-Freegard qui retrouve son ton menaçant et tente un coup de bluff :

— Et vous avez intérêt à le faire car vous savez que je peux accéder à votre ordinateur et à votre téléphone ? Je peux voir si vous avez appelé !

— Non vous ne pouvez pas…
— Et je sais où vous habitez !
— OK, OK, je vais appeler…
Helen téléphone… à Martine Laporte et rapporte la conversation en insistant sur un point : elle ne veut plus avoir affaire à cet Anglais. L'escroc la rappelle un peu plus tard pour s'assurer qu'elle a bien contacté les services sociaux. « Mais bien sûr, c'est fait », répond-elle sereinement.

Signalements

Gestes barrières, masque, rumeurs sur un potentiel vaccin, symptômes inquiétants… Les habitants de La Forêt sont happés comme les autres par la spirale médiatico-sanitaire. Abreuvés aux chaînes d'informations continues, épidémiologistes en devenir, ils en oublieraient presque Robert Hendy-Freegard. Celui-ci a d'ailleurs quasiment disparu. Le 30 octobre, un deuxième confinement les replonge dans leurs spéculations.

Allergique aux contraintes, Véronique, qui a déjà très mal vécu le printemps, entre en ébullition. Si elle ne sait quoi faire contre l'inanité des décisions administratives, elle peut en revanche aider Sandra. La discrétion ne les a menés à rien. Place à l'électrochoc. À l'occasion d'un conseil municipal, le soir du 2 novembre, elle se présente à la mairie en brandissant le livre de la journaliste allemande Tina Uebel.

— Tenez, tout est dedans ! Vous me prenez pour une folle mais lisez ça et vous verrez bien qu'il faut vraiment faire quelque chose pour cette femme !

Publié en 2013, le roman s'intitule *La Vérité sur Frankie*. L'éleveuse l'a découvert sur internet. C'est une mine d'or : l'auteure a retranscrit les témoignages des trois étudiants tombés sous l'emprise de Robert Hendy-Freegard, rebaptisé Frankie pour préserver son anonymat.

Autour de la table, les conseillers municipaux n'en reviennent pas. Comment un tel personnage peut-il résider sur leur commune, à quelques kilomètres de chez eux ? Tous conviennent cependant qu'il faut agir discrètement en actionnant d'abord tous les leviers possibles auprès des autorités compétentes. Et attendre le moment opportun pour passer à l'action. Une question de semaines, de mois, d'années… ? Véronique ne peut plus attendre. Elle sent le drame arriver.

Parmi l'assistance, Thomas est scotché par son intervention. Pourtant, depuis des années qu'ils se côtoient en réunion, il connaît sa tendance à s'emballer. Éleveur lui aussi, de vaches limousines, il a été l'un des plus jeunes conseillers municipaux du département. Aux élections de 2020, il a gagné en responsabilités et est devenu deuxième adjoint. Jongler entre travail et engagement, il connaît. Dans son village, à quelques kilomètres de La Forêt, certains le surnomment Jason, clin d'œil au physique musclé de l'acteur de *Transporter*, Jason Statham, son crâne rasé et sa barbe de trois jours. La carcasse d'un troisième ligne, mais prêt à sprinter si besoin et à se sacrifier pour aider ses coéquipiers. Là justement, son amie Véronique a besoin de soutien.

Thomas décide de mettre les pieds dans le plat en

contactant un responsable de la Direction départementale de la cohésion sociale et de la protection des populations de la Creuse (DDCSPP23). Le service programme un énième contrôle de l'élevage de beagles. Aux dires de Véronique, cela ne changera rien. Aidé de sa femme Julie, beaucoup plus connectée que lui, il piste à son tour l'Anglais sur la toile. Effarés par ce qu'ils découvrent, le couple se rapproche d'une connaissance de la police nationale pour recueillir de nouvelles informations. La réponse est sans appel : les autorités n'ont rien à reprocher au Britannique. Thomas saisit mieux le désarroi et le sentiment d'impuissance de Véronique.

Plus nombreux, les lanceurs d'alerte ne sont pas pour autant plus efficaces. Mais certains disposent quand même d'un peu de pouvoir. Premier relais de l'État à Vidaillat, Martine Laporte peut compter sur un accès privilégié aux différentes autorités. Si la maire continue d'orienter ses signalements vers l'élevage de chiens, la crainte qu'il arrive quelque chose à Sandra Clifton la pousse à se tourner vers la gendarmerie. Freegard a déjà déplacé certaines de ses victimes, il pourrait recommencer. Une fois, deux fois, trois fois. Toujours la même réponse : « Madame le Maire, nous nous en occupons mais, si Mme Clifton ne dépose pas plainte, nous n'avons aucune raison d'entrer dans la maison, encore moins d'interpeller son compagnon. » Les officiers lui font cependant comprendre que le surnombre de chiens pourrait être la clef qui leur permettrait d'accéder à l'habitation et peut-être de découvrir ce qui s'y passe réellement. Et ce précieux sésame, seuls les services vétérinaires sont à même de le délivrer.

Le 26 novembre, plusieurs personnes se réunissent à la mairie de Vidaillat. Certaines sont décidées à faire bouger les choses, d'autres cherchent du soutien. Martine Laporte, Thomas et Véronique donnent tous les éléments dont ils disposent aux gendarmes et aux très sollicités agents des services vétérinaires. L'entrevue qui s'apparente à la constitution d'une « cellule de crise » n'aboutira malheureusement à rien. Le Covid continue de produire ses effets anesthésiants. La maire de Vidaillat revient à la charge dès le 2 décembre dans une lettre au procureur de la République. Le problème des chiens est abordé au début de la lettre mais le cas Sandra Clifton subtilement amené :

> « Devant notre impuissance à faire bouger les choses, je sollicite de votre part une intervention des services vétérinaires au domicile afin de régulariser cette situation. Toutefois, je pense qu'il faudrait que ces services soient accompagnés par la gendarmerie. En effet, la situation de cette famille est un peu particulière : Monsieur est très souvent absent, Madame reste seule et enfermée, sans aucun contact avec les voisins ni avec personne d'autre d'ailleurs. C'est une personne qui n'est jamais sortie de sa maison depuis son arrivée. Je sais par ailleurs que Monsieur a de lourds antécédents judiciaires et cette situation semble d'autant plus préoccupante. »

Le procureur pourra bientôt se constituer un dossier « Vidaillat ». Léon aussi a envoyé une missive. C'est à se demander à quelle autorité le retraité n'a pas encore écrit ou passé un coup de fil. Il multiplie les appels aux services vétérinaires, apprenant ainsi que Robert Hendy-Freegard a promis de réduire la taille de l'élevage. Engagement non tenu pour le mirador. On lui répond même qu'une personne se serait déplacée et aurait rendu un rapport confidentiel à la maire. « On va aller loin avec ça ! », peste Léon devant sa femme qui le seconde dans sa mission. Dès les premiers jours de janvier, il se remet derrière son ordinateur et écrit cette fois à la préfecture de la Creuse. C'est son défouloir. Chaque mot est pesé. L'objet de la lettre, « nuisances sonores », explicite. Le contenu tout autant :

> « Ce matin nous avons téléphoné à la société Centrale Canine, qui a confirmé ne pas connaître d'éleveurs de cette race à ce(s) nom(s). Comme il s'agit de nuisances sonores, ils nous ont donné le numéro de téléphone de la DDCSPP23.
>
> Nous avons appelé et avons eu en ligne une personne qui ne s'est pas présentée, et a fini par avouer que c'était elle qui s'était déplacée et avait fait le rapport. Elle reconnaissait qu'il y avait quatorze chiens, donc hors cadre réglementaire (neuf). Elle avait juste demandé au propriétaire de diminuer le nombre de chiens. Ce qu'il aurait fait d'après ses dires sans qu'aucune vérification ne soit faite. Ils l'ont cru juste sur sa "bonne pa-

role"? Autre chose surprenante, selon ses affirmations, Monsieur HENDY élève des chiens mais ne les vend pas ! Qu'en fait-il ? S'en est suivie une longue conversation dont le résumé est : nous ne pouvons rien faire, mais écrivez à nouveau. Ce que nous faisons. Cette situation est connue car nous ne sommes pas les seuls à la rapporter et il ne se passe rien ! Pourquoi ? Vous comprendrez nos incompréhensions et insatisfactions. Nous aimerions qu'enfin ce souci soit résolu. C'est pour cela que nous nous adressons à vous.

Recevez, Madame la Préfète, l'expression de nos sentiments déférents. »

Un courrier resté à nouveau sans effet. Sans doute manque-t-il une écharpe tricolore à ses chemises à carreaux coincées dans son jean.

Martine Laporte sollicite à son tour la préfecture en insistant sur le profil de Robert Hendy-Freegard. Tous les leviers sont actionnés, même les services sociaux. Une assistante tente d'entrer en contact avec Sandra, en vain. L'édile s'adresse également à la personne chargée de s'occuper du droit des femmes dans le département. À l'appui, un dossier de plus en plus épais.

Pour juger de l'état physique et psychologique de l'Anglaise, cette déléguée départementale se rend sur place. L'échange s'avère insuffisant pour établir un diagnostic complet de sa situation. Pierre-Yves et Patrick la cueillent alors qu'elle s'apprête à repartir et lui proposent de se poster dans leur jardin pour observer la routine de Sandra tout un après-midi. La déléguée est outrée de ce qu'elle voit. À ses côtés, les deux hommes sont confiants : le rapport s'annonce salé. Mais il n'y aura finalement pas de suites. Si ce n'est une proposition faite à la maire de dresser un signalement le 1er février et de mettre Sandra en lien avec une association d'aide aux victimes. Opération vouée à l'échec : Sandra ne s'estime pas victime de quoi que ce soit. Enfermée dans sa propre conception de son couple. Robert Hendy-Freegard la protège du monde extérieur, pas l'inverse. Ses voisins pourraient bientôt menacer cet équilibre. Ils font tout pour.

Les gendarmes leur ont demandé de réunir suffisamment d'informations préoccupantes (IP), c'est-à-dire de lister tous les éléments susceptibles d'établir qu'une personne est en danger et a besoin d'aide. La dizaine de Creusois attestent ainsi sur l'honneur de ce qu'ils ont vu et vécu. Une copie de ces témoignages devrait être adressée à Scotland Yard. Comment en avoir la certitude ?

Madeleine et Michel

Au beau milieu des vacances de Pâques, c'est jour de naissance à La Forêt-Belleville. Madeleine s'est levée tôt pour assister sa chienne. Peu importe, c'est un peu les vacances tous les jours pour cette énergique retraitée qui, malgré le Covid, s'est facilement intégrée à la vie du hameau. Sa bâtisse est mitoyenne de celle de Robert Hendy-Freegard qui lui aussi s'est levé de bonne heure. Il porte un panier de produits frais. Madeleine se détourne de sa chienne pour le dévisager de ses yeux vifs et particulièrement expressifs. Avisant les nouveau-nés, l'Anglais engage tout naturellement la conversation sur les chiens :

— Oh qu'ils sont mignons… Ça me rappelle quand nos chiens étaient plus petits.

— Oui, d'ailleurs, les vôtres font beaucoup de bruit quand même. Faites quelque chose ! assène la Lorraine en agitant les mains.

— Oui, je vais m'en occuper. Le problème va être réglé…

L'Anglais revient sur la portée de chiens et lance avec un grand sourire :

— Je peux vous en acheter un ?

— Non, c'est hors de question !

La voix de Madeleine est montée dans les aigus, alertant son mari qui s'avance sur le perron. « Bonjour, il y a un souci ? » Michel n'est pas d'un gabarit des plus impressionnants mais sa voix rauque force le respect. « Non, non, aucun problème », sourit le Britannique, surpris par cette intervention. Il continue son chemin et regagne sa maison sous le regard inquisiteur du couple.

Ce n'est pas la première fois que Robert Hendy-Freegard chasse sur leurs terres. Il a longtemps convoité la maison que Madeleine et Michel ont acquise en décembre 2019, un logement étroit doté d'un étage. Madeleine désirait ardemment retrouver le pays de son enfance. Son mari, enseignant, avait bien demandé une affectation au lycée d'Ahun pour permettre à sa femme, alors contrôleuse des finances publiques, de revenir dans le secteur. Mais l'Éducation nationale en avait décidé autrement. Direction la Moselle où ils s'étaient installés au début des années 1980. Madeleine avait dû vendre la maison de ses parents.

En compulsant les annonces sur leboncoin, le couple s'est laissé séduire par la promesse de ce pied-à-terre limousin, bien différent de leur 400 mètres carrés sur trois étages en Lorraine. En perpétuel chantier, la discrète maisonnée a tout de même son petit charme avec son poêle au rez-de-chaussée et un grenier aménagé pour leurs nombreux petits-enfants. Ils sont huit sans oublier Mohamed, un jeune en difficulté qu'ils ont accueilli. La famille profite pleinement des quatre hectares de forêt achetés pour éviter les coupes à blanc de résineux. Ils sont fiers d'être de culture rurale et agricole. Bricoleur, Michel a même fabriqué et installé une petite tyrolienne dans les bois.

Un tableau quasi idyllique, même s'ils se sont rendu compte que les vendeurs avaient omis quelques détails. C'est seulement depuis le début de l'année, maintenant qu'ils peuvent venir régulièrement, qu'ils ont commencé à se préoccuper de ce qui se tramait de l'autre côté du portail. Jeannette les a mis au courant du passé de leur voisin qui paraissait pourtant charmant. Une douche froide pour les Lorrains. Sans vouloir tirer de conclusions hâtives car il s'en raconte beaucoup dans ces petits villages, le couple se tient désormais sur ses gardes.

La maison

Si le triste sort de Sandra Clifton ne s'améliore guère, les habitants de La Forêt ne s'habituent pas aux scènes avilissantes dont ils sont les témoins.

Comme ce jour d'hiver 2021 où Philippe aperçoit Sandra creuser une rigole devant chez elle à l'aide d'une petite pioche. Son compagnon lui a-t-il demandé de former des douves pour l'isoler encore plus en son château ? Le Creusois aurait préféré. C'eût été bien moins dangereux que ce chantier entamé pour évacuer l'eau de sa maison. Le compteur d'eau a lâché et l'intégralité du rez-de-chaussée est inondée. Dans l'impossibilité d'appeler un plombier, l'Anglaise a décidé de construire un système d'évacuation par ses propres moyens. Les pieds dans l'eau gelée, elle est tout bonnement en train de vider la réserve du château d'eau. L'agriculteur est consterné.

À distance, depuis l'Angleterre où il passe semble-t-il le plus clair de son temps, et après l'avoir laissée s'épuiser pendant des heures, Robert Hendy-Freegard fait finalement intervenir un plombier. Dépassé, celui-ci prévient le cantonnier qui alerte les agents de la Saur (Société d'aménagement urbain et rural). Tour à tour, ils entrent dans la maison pour constater l'étendue des dégâts. Impossible de rester à l'intérieur plus de dix minutes sans ressortir pour vomir. L'odeur est insoutenable. Un pot-pourri détonant d'excréments, de croquettes et de détritus. L'employé communal chargé de relever les compteurs est également présent. La première fois qu'il est venu, quelques années plus tôt, Sandra ne l'a pas laissé entrer, lui demandant de repasser à un autre moment. Le temps de tendre des grands draps dans toute la pièce. Les fois suivantes, l'Anglaise a préféré lui envoyer une photo. L'employé a raconté la scène des draps à Martine Laporte. « À la prochaine intervention, vous me préviendrez. Je monterai à La Forêt pour voir ce qu'il en est de cette maison. » L'édile redoutait un futur problème d'eau. Et elle avait bien raison.

Par ce froid polaire, la maire profite donc de l'intervention des plombiers pour rencontrer enfin la mystérieuse habitante de La Forêt. Sans même la saluer, celle-ci lui tend son téléphone. La voix de Robert Hendy-Freegard s'échappe du haut-parleur. Il lui intime de ne pas aller plus loin. Mais il en faut plus pour impressionner Martine Laporte. Elle traverse l'enclos, passe devant la grange puis arrive à la petite porte d'entrée. L'odeur la saisit autant que le vacarme que font les chiens. Elle les entend mais ne les voit pas. Et pour cause, ils sont dissimulés derrière des draps blancs. Martine Laporte désigne le linge et demande à Sandra :

— Est-ce que je pourrais voir les chiens s'il vous plaît ?

Nerveuse, la propriétaire des lieux s'interpose avec une certaine agressivité entre l'élue et les draps. Elle empoigne même les épaules de la maire. Martine Laporte n'a guère le choix. Soit elle force le passage quitte à risquer la bousculade, soit elle abandonne et repart une fois les travaux terminés. Elle choisit la deuxième solution. Inutile d'ajouter la violence à cette histoire déjà bien singulière. Mission accomplie pour Sandra : elle a préservé l'intimité de la maison comme le lui a ordonné son compagnon.

Depuis leur arrivée en 2015, l'intérieur n'a cessé de se dégrader, faute d'entretien et de travaux nécessaires. Le rez-de-chaussée n'est guère accueillant : les volets sont toujours fermés. L'ameublement est minimaliste voire inexistant afin de laisser la place aux imposantes cages bleues d'un mètre carré empilées par trois les unes sur les autres. Disséminés aux quatre coins de la pièce : un frigo moderne mais trop souvent vide, une petite machine à laver et un long radiateur d'époque. Seul objet de distraction, une radio perchée sur un rebord de fenêtre. Non loin des cages sont entreposés de grands bacs transparents abritant quelques boîtes de conserve de marque anglaise. Mais cette pièce principale, faisant sans doute office de salle à manger, est surtout encombrée d'innombrables cartons et sacs de croquettes entassés les uns sur les autres. Difficile d'y circuler.

Toilettes et salle de bains sont dans un sale état et il faut vider la fosse septique. Des câbles électriques pendent entre les poutres d'un plafond assez bas et le lustre, de taille modeste, ne tient plus qu'à un fil. Plus loin, quelques marches conduisent à l'étage où dort la Britannique. Dans sa chambre, un lit vétuste entouré de dizaines de cartons, la plupart estampillés Amazon. Mais nulle trace des objets qu'ils contenaient. Les chiens ont aussi accès à cette chambre, ne laissant à Sandra aucun espace propre. Ni le moindre répit dans ce calvaire.

Si elle passe ses journées à sortir les beagles un à un ou par deux, ils se soulagent aussi dans la maison. Sur les draps étendus par terre qu'elle lave parfois à la main quand la machine est en panne. Avant de les étendre à l'extérieur par tous les temps, les abîmant encore un peu plus.

Sandra prend à peine le temps de se laver, guère plus pour manger. Elle se nourrit exclusivement de riz, de pâtes, de conserves ou encore des châtaignes tombées au fond de son enclos. Les voisins la soupçonnent d'ingurgiter des croquettes hyperprotéinées tant ses mollets hypertrophiés feraient pâlir d'envie n'importe quel culturiste. Les chiens, eux, ne risquent pas de mourir de faim.

Réseau britannique

« Le beagle est une race de chien originaire d'Angleterre, de taille petite à moyenne. Son apparence est similaire à celle du beagle-harrier bien qu'il soit plus petit, avec des pattes plus courtes et des oreilles plus longues. Le beagle est un chien courant, souvent utilisé en vénerie, et sélectionné pour la chasse au lapin, la chasse au chevreuil, au lièvre et plus généralement au gibier à poils. Il a un odorat très fin qui lui permet de servir en tant que chien de détection. Populaire comme chien de compagnie en raison de sa taille, de son tempérament et de son absence de problème de santé héréditaire, ces caractéristiques en font aussi un animal de laboratoire. » Tous les voisins ont lu cette définition dénichée sur Wikipédia qui pour plusieurs d'entre eux alimente la thèse d'un élevage destiné aux laboratoires. Sandra semble pourtant leur être très attachée.

Pierre-Yves en prend toute la mesure un dimanche de chasse de la fin d'année. Depuis son jardin, il voit l'Anglaise, vêtue d'une combinaison de motard crasseuse, se ruer sur la route un chien sous le bras. Elle fond sur lui et pour la première fois depuis six ans entame directement la conversation. La situation est inédite. Et pour cause, il y a urgence : elle vient de perdre un beagle. Depuis sa bergerie, Véronique l'entend hurler le nom du petit animal : « Hella ! Hella ! » et dévale la route. Freegard est absent, encore une fois. Jamais les voisins n'ont vu Sandra aussi paniquée. A-t-elle peur des conséquences d'une telle disparition ? Branle-bas de combat à La Forêt. Véronique prend les choses en main, elle appelle tous les chasseurs et vétérinaires de son réseau. En vain. Aucune trace du chien. Il pourrait s'être perdu n'importe où dans les bois entourant le hameau. Sandra est sensible au soutien que lui apportent ses voisins. Tous se mobilisent pour lui venir en aide, se relayant sans toujours le savoir. Elle ne se doute pas qu'ils ne manqueraient pour rien au monde l'occasion de lui rendre service et de briser son isolement. Malheureusement la nuit tombe sans que personne ait retrouvé la petite chienne. La solution viendra de l'extérieur le lendemain matin.

Comme à son habitude, Philippe se rend à la bergerie. Sur le trajet, il aperçoit une voiture immatriculée en Angleterre se garer le long de la route. Le conducteur, un jeune homme, ouvre le coffre pour en retirer le beagle recherché. Il dépose l'animal dans le jardin de Sandra puis repart sans un mot. L'éleveur en reste bouche bée. Comment a-t-il retrouvé Hella ? A-t-elle été enlevée sans que Sandra soit au courant ? Un mystère de plus. Si le voisinage est soulagé, chacun note cependant la facilité avec laquelle Robert Hendy-Freegard opère à distance. En recourant encore une fois à des Anglais ou des proches de la communauté anglophone. Solidarité entre compatriotes ou réseau de complices ? Le passif de l'escroc les ferait plutôt pencher vers la seconde hypothèse. Il semble avoir tissé une toile pour surveiller Sandra en permanence.

La fève

Jamais les habitants de La Forêt n'ont assisté à un tel ballet de véhicules de la gendarmerie. Freegard n'a pas reparu depuis l'été mais Sandra peut compter sur les militaires pour rompre sa triste routine. Ceux-ci connaissent bien le hameau désormais. Une place leur est réservée à l'entrée d'un sentier en face de la maison des Anglais. Les craintes des voisins semblent avoir été entendues, même si cela reste insuffisant.

En janvier 2022, une gendarme chargée des violences intrafamiliales se présente au domicile du couple britannique. Son bref échange avec Sandra ne conduit à rien. Pour les voisins, la mollesse des autorités s'explique en grande partie par leur mauvaise maîtrise de l'anglais et la peur de se faire taper sur les doigts s'ils outrepassent leurs prérogatives. Véronique est furieuse.

Tous les éléments qui permettraient de mener une enquête digne de ce nom sont pourtant réunis : une femme recluse au milieu d'immondices, un compagnon au passé plus que douteux, un élevage illicite et leurs nombreux témoignages.

Par ailleurs, Sandra n'est plus en règle. Post-Brexit, il lui faut un visa long séjour pour demeurer en France. Peut-être l'ultime recours ? Une interprète de la gendarmerie s'est déplacée pour expliquer la situation à Sandra. Robert Hendy-Freegard, sur haut-parleur, a tout de suite pris le contrôle de la situation. « Oui, oui, pas de souci, on va faire les papiers », a-t-il promis. Sans que rien n'avance, là non plus.

Voir l'Anglais manipuler les autorités en agace plus d'un. À commencer par Léon. L'irrespect des règles et des institutions le met dans une colère noire qu'il expulse dans ses écrits. Et depuis le début, il y a dans cette affaire matière à maltraiter son clavier. Il s'épanche aussi auprès de ses proches qui en savent maintenant autant sur Freegard que ses voisins du hameau. À la mi-janvier, alors que sa femme et lui dégustent une galette chez des amis près de Limoges, le sujet s'invite comme d'habitude à la table :

— Alors ton voisin anglais, ça en est où ? lance l'un des convives, un brin moqueur.

— Les autorités ne bougent toujours pas. On n'en peut plus, répond très sérieusement le retraité en sortant son téléphone portable.

Par réflexe, il tape pour la millième fois le nom de Robert Hendy-Freegard dans Google Actualités afin de vérifier si de nouveaux articles sont parus. Surprise, des résultats récents s'affichent dans l'onglet. Nouvelles lectures en perspective pour la fin de soirée. Mais son regard accroche sur un titre qui revient plusieurs fois : « La nouvelle série documentaire *The Puppet Master*: leçons de manipulation, qui est Robert Hendy-Freegard ? »

Léon ne saisit pas tout de suite. Après avoir parcouru les premières lignes, il relève la tête, interloqué : « Netflix vient de sortir une série sur Freegard ! » Et s'il prend quand même le temps de finir sa galette, il n'a qu'une idée en tête : rentrer chez lui pour regarder la série. Le papy geek, déjà abonné au service de streaming, dévore en une nuit les trois épisodes. Tout est là.

La famille Clifton

Royaume-Uni, février 2020. Deux jeunes assis sur un canapé font face à plusieurs caméras. Un frère et sa sœur, tous deux dans la vingtaine. Il porte un tee-shirt kaki et elle un haut blanc strié de motifs noirs. Le matériel d'enregistrement occupe la plus grande partie du salon. Les journalistes de la série produite par Netflix et la société anglaise Raw TV mesurent la nervosité de leurs jeunes interlocuteurs.

— Si votre mère était là, quel message voudriez-vous lui faire passer? débute l'un des intervieweurs.

— Si je devais m'adresser à elle? répond, un peu perdue, la jeune femme.

— Oui, imagine que la caméra c'est ta mère.

— Maman, si tu nous écoutes, sache que malgré tout ce qu'il s'est passé on sera toujours là pour toi.

— Qu'attendez-vous de votre mère?

Le frère se prend le visage dans les mains. Il semble

tout près de fondre en larmes mais reprend finalement ses esprits :

— Je ne sais pas… C'est difficile à dire après quoi… sept ans ?

Sa sœur incline la tête vers lui.

— Je ne saurais pas te dire. Tu crois qu'elle nous reconnaîtrait ?

— Et nous on la reconnaîtrait ?

Une courte pause. Puis il reprend la parole, les yeux humides, pour un plan face caméra :

— Maman si tu nous écoutes en ce moment, peu importe ce que l'on a traversé, on t'aime toujours et on veut que tu reviennes à la maison.

Ces deux jeunes gens un peu hagards recherchent leur mère : Sandra Rose Clifton. Une maman aimante et gentille que leurs amis leur enviaient, qui fredonnait dans la voiture en allant faire des courses. Sandra s'est mariée très jeune, à 20 ans, avec Mark, son premier amour. Sophie est arrivée rapidement suivie de Jake. Mais les années ont eu raison du couple. Ils sont restés en bons termes pour que les enfants ne souffrent pas. Ne souhaitant pas rester seule, Sandra a cherché à refaire sa vie. À 35 ans, elle s'est inscrite sur un site de rencontres. Sophie s'est amusée des mots choisis par sa mère pour décrire ce qu'elle recherchait : « famille, amusement et détente ». Une petite annonce de camp de vacances.

Après quelques aventures, Sandra a l'impression d'être tombée sur le bon. À partir de novembre 2011, un homme avec qui elle discutait en ligne se met à l'appeler régulièrement. Un jeune quadragénaire anglais qui travaille dans le marketing, chargé de vendre des espaces publicitaires à de grandes entreprises. Son nom : David Hendy. Ils se rencontrent et se plaisent immédiatement. David fait très vite la connaissance des enfants Clifton qui remarquent son attrait pour le luxe, les belles voitures… Il en offre une à leur mère : une Audi flambant neuve. Sandra est très excitée de posséder une voiture. Comme si elle obtenait enfin tout ce qu'elle méritait. Elle a choisi la couleur : bleue.

Désireux de se rapprocher de Jake et Sophie, David Hendy décide de les emmener visiter l'Espagne, pour le plus grand plaisir du jeune homme qui rêvait de découvrir ce pays. Si le début du voyage est idyllique, composé d'escales de rêve dans de beaux hôtels, la suite se révèle vite sordide. La famille recomposée ne quitte plus la voiture, avalant des kilomètres au rythme entêtant des chansons de Duran Duran, sans presque jamais s'arrêter. Les paroles du tube *Ordinary World* sont restées gravées dans la tête des Clifton : « J'ai allumé les lumières, la télé, et la radio, pourtant je ne peux pas échapper à ton fantôme. Que s'est-il passé, il est fou diraient certains. Où est la vie que je connaissais ? Partie, mais je ne pleurerai pas pour hier, il y a un monde ordinaire. D'une manière ou d'une autre, je dois trouver. »

Aux postes-frontières, David Hendy se comporte bizarrement. Jake ne comprend pas pourquoi il cherche à cacher ses papiers.

— Mais c'est quoi ton nom ?

— Ce n'est pas important.

Au retour des vacances, il passe de plus en plus souvent la nuit chez les Clifton et finit par s'installer. Devant les enfants, il évoque régulièrement l'argent dont il dispose et dresse la liste de tout ce qu'il pourra acheter à leur mère. Jake commence à se demander d'où lui vient cette aisance financière d'autant qu'il ne le voit jamais travailler. David Hendy ne quitte pas la maison. Tout est bizarre. Sandra ne sort plus et coupe tout contact avec l'extérieur. Elle ne prend même plus les appels de son ex-mari. Et elle s'énerve contre les enfants sous n'importe quel prétexte. Un jour, elle fait irruption dans la chambre de Jake, l'accusant d'avoir volé un bracelet que David vient de lui offrir. Celui-ci se tient juste derrière elle. Il ne la lâche plus d'une semelle.

Hendy interdit à Jake l'accès à la maison, le laissant errer dans la nuit après l'école. De rage, le jeune Clifton défonce la porte, récupère ses affaires avant de faire ses adieux à sa sœur, et part vivre chez son père. Pour Sophie, le déclic se fait attendre. David l'a montée contre Mark. Un vrai lavage de cerveau. Deux ans et demi d'angoisse. Mais un soir, son beau-père ne vient pas la chercher au salon de coiffure où elle travaille, l'obligeant à dormir sur le sol. Elle finit par rentrer chez elle à pied avant de quitter la maison définitivement. Perdue, Sophie passe un an seule pour essayer d'y voir clair avant de retrouver son père et son frère.

En janvier 2014, c'est au tour du couple d'abandonner le logement sans laisser d'adresse. Mark Clifton y retourne pour la mise en vente. Il est horrifié de ce qu'il découvre. La porte de la suite parentale est condamnée par un énorme cadenas de type industriel. De ceux utilisés d'ordinaire dans les garages ou les entrepôts. Les fenêtres sont recouvertes de papier journal. Pour se protéger du regard des voisins ?

Sur la table de la cuisine, un amas de courriers divers : factures, lettres de relance, citation à comparaître, contraventions. Sandra n'a jamais été à découvert avant de rencontrer David Hendy. Un document indique que l'Audi bleue, d'une valeur de 35 000 livres, n'a pas fini d'être payée. Le crédit du soi-disant cadeau est au nom de son ex-femme. Hendy a donc menti sur sa situation financière.

Mark Clifton l'a déjà cherché sur internet. Mais son nom n'apparaît nulle part. Il essaie cette fois « David Hendy » + « *conman* » (imposteur en anglais). Le passé judiciaire d'un certain Robert Hendy-Freegard remonte de la toile. Sur les photos, c'est bien le même homme. Mark Clifton alerte la police qui refuse d'ouvrir une enquête. Pas de motif sérieux. Il insiste et obtient que Sandra soit recherchée comme personne disparue.

Elle est localisée en 2015 avec son compagnon et convoquée. On lui présente alors le passé de l'homme qui partage sa vie. Sandra affirme qu'elle le connaît déjà et décline la proposition d'être placée sous protection policière. Jake reçoit alors quelques appels de sa mère, *via* un numéro masqué. Elle lui dit qu'elle est heureuse, qu'il ne faut pas s'inquiéter pour elle, mais Jake a la désagréable impression d'échanger avec un robot. Les discussions lui semblent scénarisées à l'avance. Elle refuse de dire où elle se trouve.

Mark Clifton se met en rapport avec une agence de détectives qui parvient à tracer le téléphone de Sandra grâce au numéro dont elle se sert une fois l'an pour appeler ses enfants. Il a été repéré deux fois sur un réseau de télécommunications français, sans plus de précisions. En continuant ses recherches sur internet, le père de famille découvre des photos récentes de Robert Hendy-Freegard. Il participe à des concours canins avec des beagles. Une nouvelle piste à explorer. Dans ce milieu, tout le monde se connaît.

Une éleveuse anglaise a reçu un texto d'un certain David Clifton après avoir répondu à une annonce concernant la vente d'une portée de beagles. L'argent devait être versé en plusieurs fois sur le compte de Sandra Clifton. Pourquoi ne pas le payer directement ? Lorsqu'elle a posé des questions sur les chiots, il s'est par ailleurs montré très évasif, voire méfiant. Bien trop compliqué pour l'éleveuse qui a mis fin aux tractations. Mais elle dispose d'une information importante : ce David Clifton lui a confié posséder un élevage en France…

Mark est donc quasi certain que Sandra vit quelque part outre-Manche. L'information lui redonne un peu d'espoir mais ne suffit ni à la retrouver ni à soulager ses enfants, privés de leur mère.

La série Netflix montre la rencontre entre les enfants Clifton et Sarah Smith, l'une des premières victimes de Robert Hendy-Freegard. Une fois séparée de ses amis Maria et John, l'étudiante a été trimbalée de ville en ville, contrainte à chaque fois de changer d'identité et d'apparence. Une nouvelle vie de labeur et d'angoisse dans une « maison sécurisée » selon les mots du faux espion. Tout l'argent qu'elle gagnait lui était immédiatement confisqué. Freegard a même convaincu la jeune femme de réclamer son héritage auprès de ses parents. Morts d'angoisse, ils ont fini par accepter sans cesser de la chercher. Sarah a passé de longues semaines seule dans des lieux insalubres où « l'IRA ne pourra pas la retrouver ». Elle dormait parfois tout habillée sur le sol de la salle de bains, obéissant aveuglément aux consignes téléphoniques de l'espion toujours en vadrouille.

Arrêté en 2003 par Scotland Yard et le FBI, Robert Hendy-Freegard refuse de dire où se trouve Sarah Smith. Mais un passeport polonais, le jeu de clefs d'une chambre d'hôtel en Haute-Savoie et un bout de papier sur lequel est inscrit le numéro d'une certaine Ronnie sont retrouvés dans ses affaires.

Contactée par la police, cette Anglaise explique avoir rencontré Robert Hendy-Freegard à un salon de l'automobile en 2000. Fidèle à son *modus operandi*, il lui a soutiré près de 20 000 livres en trois ans. Et lorsqu'il lui a demandé de mettre une amie en lieu sûr, elle s'est empressée d'accepter. Une dénommée Carrie qui faisait office de femme de ménage et n'était autre que Sarah Smith.

Libérée par Scotland Yard, la jeune femme traumatisée mettra des années à reprendre une vie normale.

« J'aurais pu m'enfuir mais je n'ai pas réussi. Je pense que [votre mère] pourrait aussi s'enfuir mais elle n'y arrive pas. Elle n'a aucune liberté. Je n'avais pas de passeport, pas de permis. Je ne pouvais pas ouvrir de compte en banque », explique-t-elle à Sophie et Jake.

Ses mots ravivent l'angoisse des deux jeunes Anglais mais renforcent aussi leur détermination. Face caméra, Sophie, le visage de sa mère en arrière-plan, conclut le documentaire ainsi :

« Peu importe le temps que ça prendra, on n'abandonnera jamais. »

En série

Léon a peu dormi. Il a rembobiné certaines scènes pour mieux s'imprégner de la somme d'informations accumulée dans le documentaire. La suite s'écrit ici, sous ses yeux, à La Forêt.

« Tu te rends compte ? Nous, au fond de la cambrousse, on le signale depuis des années et rien ne bouge. Et là, il est affiché dans le monde entier sur Netflix ! » s'indigne-t-il auprès de sa femme. Découvrir le passé de Robert Hendy-Freegard sur internet était déjà une épreuve. Mais les reconstitutions et les témoignages face caméra des victimes l'ont plongé dans l'effroi. Ce ne sont plus de simples noms, mais des visages. De véritables personnes. Toutes manipulées par son voisin.

Ses méthodes de soumission, le Limousin a déjà eu le loisir de les observer. John Atkinson acceptant les coups pour prouver sa loyauté lui a rappelé le vieil ouvrier maltraité : « Un ancien des forces spéciales », tu parles ! Et que dire de son attitude envers les enfants ?!

Jake constamment humilié puis finalement jeté dehors. Sophie, montée contre son père, dépouillée de son salaire puis finalement des 10 000 livres de son compte épargne sous prétexte de financer l'achat de sa première voiture !

Léon est écœuré. Comment tout cela a-t-il pu fonctionner ? Pourquoi personne n'a jamais réussi à s'interposer ? À le mettre définitivement hors d'état de nuire ?

À 7 heures, il téléphone à Véronique :

— Tu ne sais pas quoi ? Il y a une série Netflix sur Freegard !

Sans reprendre son souffle, le mirador lui en résume les grandes lignes.

Sous le choc, l'éleveuse parvient tant bien que mal à garder son sang-froid. Pas une seconde à perdre. Après avoir raccroché, elle appelle Martine Laporte.

— Martine, c'est sur la place publique maintenant. Il y a deux enfants qui la recherchent et nous on sait où elle est. Qu'est-ce qu'on fait ?

Le message passé, Véronique tente de laisser de côté ses émotions, même après avoir visionné le documentaire. Elle prévient d'abord son contact aux renseignements territoriaux puis met Thomas au parfum. Depuis sa sortie au conseil municipal, Véronique a régulièrement partagé avec lui les informations notées sur son journal de bord.

— Regarde sur Netflix, il y a la vie de Freegard ! hurle-t-elle dans le téléphone.

Le soir venu, Thomas et sa femme visionnent à leur tour la série documentaire d'une traite. Parents de trois jeunes enfants, ils peinent à contenir leurs larmes devant les témoignages de Sophie et Jake Clifton. Impossible de fermer l'œil.

— Tu te rends compte ? explose Thomas. Les gamins cherchent leur mère qui est juste à côté de chez nous. Et on ne peut rien faire !

Le couple se sent d'autant plus démuni qu'il sait maintenant comment Robert Hendy-Freegard a été arrêté en 2003. Scotland Yard avait lancé un avis de recherche au niveau national, mais autant chasser un fantôme. La nationalité américaine de sa dernière victime, Kimberley Adams, avait aussi permis au FBI d'entrer dans la danse sans plus de succès. Le couple se déplaçait constamment à travers l'Europe sous différentes identités.

Cependant, les parents Adams, régulièrement sollicités par leur fille pour lui envoyer de l'argent, gardaient le contact. Le faux agent du MI5 dictait les prétextes : un passeport volé, une voiture en panne ou bien encore l'examen d'espion que devait passer puis repasser Kimberley. Avec l'aide de sa mère, l'agence fédérale en étroite collaboration avec la police anglaise décida de lui tendre un piège. Mrs Adams devait remettre à son gendre 10 000 dollars en mains propres à l'aéroport d'Heathrow à condition qu'elle puisse voir sa fille. L'escroc fut interpellé sur le parking de l'aéroport où il allait montrer Kimberley Adams à sa mère.

Un scénario digne des plus grandes productions hollywoodiennes. Thomas et Julie sont conscients qu'ils ne disposent d'aucun moyen de ce genre pour coincer Robert Hendy-Freegard… Et encore moins de l'appui de la famille Clifton.

Bouteilles à la mère

Au village, la nouvelle qui se répand comme une traînée de poudre menace d'embraser La Forêt. Elle fait écho à une découverte de PYB quelques semaines plus tôt. Lui aussi s'est perdu dans les méandres d'internet à la recherche d'autres pistes pour confondre son voisin. Il a déniché finalement sur YouTube une émission en anglais d'une heure trente, compte rendu assez complet de l'affaire Freegard illustré par plusieurs témoignages de victimes dont Sarah Smith. Très précautionneux, et redoutant surtout que le documentaire ne soit supprimé pour violation du droit à l'image, il l'a enregistré sur une clé USB. Bien lui en a pris : le lendemain, la vidéo était inaccessible. Subsistait une annonce de cinq minutes assortie de commentaires d'internautes. Une question revenait sans cesse : « Où est-il maintenant ? » Il a choisi de ne pas répondre, inquiet de voir une nuée d'apprentis paparazzi débarquer à Vidaillat. Seule la gendarmerie de Pontarion a été avisée. Netflix change la donne. Il leur faut agir maintenant, tous ensemble.

Marc reçoit *via* Facebook un message de Léon accompagné de plusieurs liens vers des articles mentionnant la sortie de la série documentaire. C'est la pièce manquante que sa compagne attendait : l'identité des enfants. Ils visionnent la série chez le frère de Marc. Miss Marple, très émue de ce qu'elle découvre, est transportée par l'abnégation du père de Sarah Smith qui a fait tout son possible et même davantage pour retrouver sa fille.

Peter Smith a rapidement trouvé bizarre que Sarah ne soit pas retournée en cours. Il avait déjà eu un mauvais pressentiment en rencontrant Robert Freegard venu à son domicile en compagnie de sa fille et de John Atkinson. En épluchant ses relevés bancaires, l'agriculteur a commencé à retracer leurs allées et venues sur une carte. Lorsque Sarah l'a appelé en prétendant avoir trouvé un travail, il a vérifié. La société n'existait pas. Certain de tenir une piste, Peter Smith s'est rendu seul, en pleine nuit, à Peterborough où Sarah avait été aperçue. Entré par effraction dans la maison désignée par un témoin, il est tombé sur une feuille manuscrite dont le contenu correspondait mot pour mot à ce que sa fille lui avait dit au téléphone. Comme il s'en doutait, Freegard était à la manœuvre.

Peter Smith a ensuite appris par les parents de John Atkinson que cet homme mystérieux protégeait le trio d'étudiants d'une menace de l'IRA en échange de leur argent. Cette information lui a permis d'anticiper et d'empêcher sa fille de récupérer son passeport. Conscient de sa stratégie, Robert Freegard l'a alors menacé de mort par l'intermédiaire de John. Peter

Smith a jugé préférable de contacter les services de police. En vain, sa fille est restée introuvable. Au bout de cinq longues années d'absence, Sarah l'a appelé plusieurs fois pour réclamer son héritage. Il a cédé et versé l'argent. Comme un adieu.

Mais en 2002, après plusieurs signalements de victimes, Scotland Yard s'est mis sur le coup. La supercherie du faux espion a été dévoilée. Freegard n'a jamais appartenu au MI5. Au même moment, Peter Smith est contacté par John. Revenu dans sa ferme depuis un petit moment sans que personne ne le poursuive ni le menace, celui-ci a compris qu'il s'était fait manipuler, depuis le début. Il a tout raconté au père de son ex-petite amie, s'excusant de l'avoir entraînée dans ce piège. Peter Smith a rappelé la police et appris la chasse à l'escroc engagée par Scotland Yard et le FBI à la suite de la disparition de Kimberley Adams. Quelque temps plus tard, après l'arrestation de Freegard, le vieil homme a enfin pu retrouver sa fille.

Jeannette comprend qu'il ne faut surtout pas baisser les bras. À elle d'être le déclic pour la famille Clifton. Avant de chercher à les contacter, la retraitée ne peut se priver d'appeler Sandra au grillage pour lui glisser quelques mots en anglais :

— *You have two childrens : Sophie and Jake.*

Le visage de la Britannique s'illumine. Jeannette n'a jamais vu autant de vie chez sa voisine, qui regagne rapidement son domicile sans prononcer un seul mot. Miss Marple se remet à son ordinateur. Avec les prénoms des enfants, il sera peut-être plus simple de les retrouver. Mais toujours rien sur internet, ni sur les réseaux sociaux. Autre angle d'attaque pour l'enquêtrice : bénéficier de la surmédiatisation de l'affaire afin d'approcher une personne en lien avec les Clifton. Plusieurs dizaines de mails sont envoyés à des journalistes et même des photographes crédités dans les articles en lien avec la série. Sans oublier les producteurs de Netflix.

Ces bouteilles à la mer ne semblent pas atteindre la terre ferme. Désemparée, Jeannette en parle à sa petite-fille Claudia domiciliée en Normandie. Comme s'il était symboliquement plus simple d'envoyer un message en Angleterre depuis la côte. Jackpot. La jeune Française parvient à contacter Raw TV, qui avait également produit la série *Don't F**k with Cats : Hunting an Internet Killer* consacrée à l'obscur Luka Magnotta, le dépeceur de Montréal, en postant un commentaire sous une vidéo YouTube. Tout s'accélère.

Dans la soirée du 21 janvier, Jeannette reçoit un message de Sophie Clifton sur Messenger. Mais elles ne se comprennent pas vraiment. Pour faciliter l'échange, la jeune femme fait intervenir Pauline, son amie française qui habite à Paris. Celle-ci crée un salon à trois sur Messenger et joue le rôle d'interprète. Un appel audio est lancé. Les questions pleuvent, les larmes aussi. « Vous êtes bien sûre que c'est ma mère ? », répète la jeune Anglaise. Jeannette est bouleversée. Sophie lui demande très fermement de ne pas intervenir auprès de sa mère afin de ne pas la mettre en danger. Miss Marple est consciente de l'enjeu et assure à la jeune femme qu'elle peut compter sur elle. Elle répondra à toutes ses questions. Galvanisée par cette avancée, la retraitée en informe Pierre-Yves jamais très loin de son portail. « Tu nous devances ! Nous allions contacter Netflix », lui répond son voisin. Heureux de ce développement, PYB et Patrick décident de se mettre en retrait. Tout devrait se dérouler correctement désormais. Leur voisine les tiendra au courant.

Léon en revanche ignore que Jeannette a réussi à entrer en contact avec les enfants Clifton. Une publication du *Reading Chronicle* a retenu son attention. La journaliste, Isabella Perrin, pose ouvertement la question : « Où est désormais Freegard ? »

— Eh bien moi je vais lui dire ! », lance le mirador à sa femme.

Le 24 janvier, en début d'après-midi, il envoie un mail à ce média en ligne :

> « Hi,
>
> The address in France of Robert Hendy FREEGARD and Sandra CLIFTON in France is :
>
> Route de Soubrebost Laforêt Belleville 23250 VIDAILLAT FRANCE.
>
> They live there and Freegard comes and goes and never stay here for a long time. He is absent still 2021 July.
>
> CLIFTON is alone in this small house with many dogs barking all the day long. She lives in poor conditions (noise, odors and hygiene...). It is since around 7 years that she is there in this

small house and never go farer than the little yard of this house.

It's really a shame !!!!

Regards. »

Un courriel signé… Amédée Dupont. Identité inventée par Léon quelques années plus tôt pour conserver un certain anonymat et éviter ainsi toutes représailles. Il s'est essayé à la rédaction en anglais avec toutefois une petite maladresse. Le « *since 2021 July* » s'est transformé en « *still 2021 July* ». Une erreur. Le mirador voulait simplement signaler l'absence de Robert Hendy-Freegard depuis le mois de juillet. La faute sans doute à Google Traduction. Internet lui est en revanche bien utile pour joindre une capture d'écran réalisée sur Google Earth et ainsi indiquer la position géographique exacte de la maison des Anglais dans le village. Rapidement contacté par la rédaction britannique, Léon se montre moins disert. Ils en savent suffisamment et c'est à leur tour de travailler ! Il ne veut pas empiéter sur leurs recherches et encore moins témoigner à visage découvert. On n'est jamais trop prudent.

Connectées

De l'autre côté de la Manche, les missives des voisins de Sandra sont les bienvenues. En acceptant de témoigner dans la série de Netflix, ses enfants espéraient faire résonner aussi loin que possible leur signal de détresse. Disponible dans plus de 190 pays dans le monde, la plateforme américaine est une antenne relais de luxe. Qui émet jusque dans les lieux les plus reculés du globe. Ou dans les campagnes les plus profondes... Mais, même en faisant preuve d'un optimisme déraisonnable, ils ne pensaient pas obtenir des retours si rapides.

Sophie est naturellement informée du mail de Léon au *Reading Chronicle*, mais aussi de nombreuses sollicitations *via* plusieurs canaux. La jeune Anglaise est sur ses gardes. Elle a peur pour sa mère et davantage encore de perdre sa trace. Il ne faut prendre aucun risque. Le 24 janvier en fin d'après-midi, elle écrit à Jeannette, avec qui elle échange maintenant régulièrement sur Facebook, pour lui demander si elle ou sa petite-fille ont posté un message ailleurs que sur YouTube. Jeannette répond par la négative. Sandra lui demande alors de supprimer leur premier post de peur que Freegard finisse par tomber dessus et veut savoir si elle connaîtrait un certain Amédée. Le nom n'évoque rien à la retraitée.

Jeannette pose la question à Léon qu'elle sait très actif sur les réseaux. Le mirador avoue avoir écrit à la rédaction du *Reading Chronicle* mais n'a en revanche posté aucun commentaire public. La retraitée peut rassurer Sophie.

La famille Clifton a aussi pris attache avec la maire de Vidaillat. Fin janvier, une entrevue est organisée sur WhatsApp. À l'intérieur des fenêtres quadrillant l'écran apparaissent les visages de Sophie et Jake Clifton, de Martine Laporte et son adjoint Thomas et d'un interprète convié par les enfants de Sandra. Sophie est bouleversée, son discours parfois décousu. Jake parvient à contenir ses émotions et reste pragmatique. Tous deux posent la même question : « Êtes-vous bien sûrs que c'est notre maman ? » La jeune Anglaise veut s'assurer que la femme de La Forêt ressemble bien aux photos diffusées en mondovision sur Netflix. Martine Laporte se montre catégorique :

— Oui, nous sommes bien certains que c'est elle.

Mère Teresa

Les babillages comme les éclats de rire ne sont plus de mise à La Forêt. Chaque conversation près du portail, du grillage ou bien au bord de la route tourne autour de la série. Depuis sa diffusion, les habitants vivent sous une chape de plomb. Certains se mettent à douter des autres, sans raison valable. Chaque échange entendu dans le village est sujet à interprétation. « Mais que peuvent-ils bien se dire ? Est-ce qu'ils en savent plus que nous ? » Les voisins s'épient, se jalousent peut-être, mais tous veulent faire avancer les choses. À leur manière et avec leurs caractères parfois peu compatibles. De la fougueuse Véronique au pragmatique Pierre-Yves en passant par l'empathique Jeannette. Et si celle-ci et son mari ont longtemps été tenus à l'écart de l'avancée des recherches sur Robert Hendy-Freegard, ils relaient sans hésiter toutes les nouvelles informations à Madeleine et Michel.

Les deux couples se sont liés d'amitié du fait de leur proximité immédiate, mais sans doute aussi parce que les Lorrains ne sont pas là à l'année. Quand Jeannette les voit débarquer, c'est un peu les vacances, une bouffée d'air dans ce hameau où les gens parlent de tout le monde mais pas avec tout le monde. « Freegard est sur Netflix, vous devriez regarder... », annonce Miss Marple, de sa voix fluette, à ses voisins de retour en Creuse début 2022.

Un documentaire sur un fait divers ? Madeleine et Michel ne sont pas friands de ces productions à sensation. Mais il faut reconnaître que les enfants, mis en avant dès les premières minutes, ressemblent beaucoup à leur voisine. Surtout la fille. C'est très perturbant. Assez pour changer de braquet. « Nom d'une pipe ! Ça se passe à côté de chez nous, il faut faire quelque chose ! », réagit le réfléchi Michel, pas loin de sortir de ses gonds. Agir oui, reste à savoir comment. Madeleine se soucie surtout des conditions de vie misérables de Sandra. Elle préfère avancer là-dessus plutôt que de mener l'enquête. À chacun ses compétences.

L'ancienne contrôleuse des finances publiques s'intéresse beaucoup à la psychologie et a toujours eu un pied dans le monde associatif. Présidente de foyers ruraux en Lorraine, elle a rencontré de nombreuses personnes en souffrance, manipulées et sous emprise. Et la liste est si longue qu'elle ravive des souvenirs parfois douloureux. Madeleine s'est occupée d'une famille d'Albanais avec un enfant lourdement handicapé, a hébergé une femme battue, accueilli des migrants africains. Elle a même réussi à extraire une jeune fille d'un réseau de prostitution congolais. Son surnom de

« Mère Teresa » n'est pas usurpé et elle entend continuer d'y faire honneur. Le couple s'est d'ailleurs empressé de se renseigner sur la façon d'aider les Ukrainiens dès le premier jour du conflit.

Cet engagement sur tous les fronts fait dire à certains voisins, non sans une pointe d'ironie, que la maison du bon Dieu ne se trouverait pas au milieu du village mais à son extrémité. À cette fibre humanitaire s'ajoute une bonne maîtrise de l'anglais renforcée par de nombreuses visites à deux de ses enfants qui travaillent à l'étranger. Madeleine peut ainsi échanger avec Sandra. L'objectif est de l'arracher à cette toile de mensonges. Elle s'est aperçue que Robert Hendy-Freegard faisait croire à sa compagne qu'il connaissait bien les gendarmes, la maire et les services vétérinaires. « Ne parle pas à ce gendarme, c'est un ami de David », a même un jour glissé l'Anglaise à sa voisine devenue une figure familière. C'est un manipulateur plein de ressources. Ça, les retraités lorrains ne peuvent pas le lui enlever. En revanche, rien ne laisse penser qu'il soit violent.

Ils ne le craignent pas. « Cet homme joue avec son intelligence, pas avec ses poings », résume souvent Michel à l'intention du voisinage. Et Madeleine ne peut que valider le surnom *Puppet Master* tant l'Anglais semble tirer les ficelles à distance et contrôler Sandra sans être présent. Pendant combien de temps encore ? Le calvaire de Sarah Smith a duré dix ans. Madeleine redoute de voir sa voisine s'autodétruire. À La Forêt, chacun y est déjà allé de son petit signalement et de son courrier. Arrivé en dernier, le couple ne déroge pas à la règle. Michel, ancien maire de sa petite commune en Moselle, est tatillon sur l'administratif. Il pense savoir à qui s'adresser pour faire bouger les choses. L'unique député creusois est sollicité le 22 février. Sa réponse, certes rapide, est aussi décevante que les autres :

> « Madame, Monsieur,
>
> Nous avons pris attache auprès de la Mairie de Vidaillat pour avoir plus d'éléments concernant cette personne.
>
> La Mairie nous informe que toutes les démarches possibles ont été engagées afin de régulariser cette situation (contact avec le procureur de la République, la gendarmerie et les services vétérinaires).
>
> Le plus grand frein reste le fait que la personne elle-même dit ne pas être en danger et n'a formulé aucune plainte contre ce Monsieur.
>
> Nous vous remercions de votre confiance et restons à votre disposition. »

Madeleine et Michel en prennent note. Avec une once de frustration. Ils savaient pourtant que les autorités étaient déjà prévenues. Qu'espéraient-ils ? Sans doute ne pas avoir de regrets. Reste cet élevage de chiens considéré comme illégal par tout le monde et dénoncé à maintes reprises. Un fil à la patte pour Sandra qui ne partira jamais sans ses chiens. Un fil à casser. Mais comment ?

La solution pourrait bien venir des autorités. Le

25 mars 2022, un arrêté préfectoral est publié, « [mettant] en demeure M. David HENDY et Mme Sandra CLIFTON de régulariser la situation administrative de leur établissement d'élevage de chiens situé au lieu-dit La Forêt-Belleville ». Un premier avertissement avant sanction et fermeture.

London is coming

Peu à peu, l'effervescence provoquée par la diffusion de la série Netflix retombe. La longue absence de Robert Hendy-Freegard n'y est pas étrangère. Certains voisins pensent qu'il ne reviendra pas. Les enfants de Sandra leur demandent de rester discrets tout en surveillant leur mère. Depuis bientôt sept ans, ils sont rompus à l'exercice. Et n'ont rien contre une accalmie dans la tempête. Pour Véronique et Philippe, c'est la période d'agnelage. Des brebis vont mettre bas. Ils ne dorment plus que d'un œil, multiplient les allers-retours entre la bergerie et leur maison, distantes d'une centaine de mètres.

Le 13 avril, Philippe croise deux hommes à pied qui continuent leur route sans le saluer. Quinze minutes plus tard, il les voit revenir sur leurs pas et entrer sur le terrain de la bergerie en lui tournant le dos.

— Bonjour ! leur crie l'éleveur qui cherche à voir leurs visages.

Aucune réponse. Il retente. Cette fois, ils se retournent et s'approchent.

— Nous sommes à la recherche de la maison d'une Anglaise. Une personne de Vidaillat nous a indiqué que c'était la première maison à droite en arrivant mais on ne trouve pas..., explique l'un des deux hommes avec un fort accent anglais.

— Ah mais tu cherches Sandra ? C'est là-bas ! répond Philippe.

Le regard des deux hommes s'illumine. Ils tiennent leur scoop international. Le journaliste Miles Dilworth accompagné du photographe Roland Hoskins a fait le déplacement depuis Londres. Le signalement était donc fiable. Quelques jours plus tôt, début avril, l'assistante de rédaction du *Daily Mail* est venue le trouver dans son bureau :

— Miles, je viens d'avoir une femme au téléphone qui me dit qu'elle sait où se trouve Sandra Clifton.

Il s'attendait à ce genre d'appels. L'histoire de Robert Hendy-Freegard est revenue sur le devant de la scène après la diffusion de la série Netflix. Depuis, comme à chaque affaire de disparition médiatisée, les « témoignages » pleuvent sur le standard du journal. La rédaction en reçoit parfois des centaines par jour, émanant principalement de mythomanes et de farceurs.

Saisi d'une intuition, il a tout de même pris le temps de rappeler cette Anglaise de la commune de Vidaillat en France. Elle a entendu parler de l'affaire par la secrétaire de mairie mais n'y joue aucun rôle. Ses arguments semblent fiables. En tout cas suffisants pour convaincre le journaliste. Retrouver Sandra lui semble peu probable mais l'histoire est tellement sensationnelle qu'il décide de tenter le coup. À bien y réfléchir, Dilworth trouve logique que Robert Hendy-Freegard ait choisi de s'installer en France où le contrôle coercitif n'est pas criminalisé comme en Angleterre. Sandra Clifton n'est peut-être pas la seule sous son emprise. Pourquoi aurait-il changé ses habitudes ?

Après avoir consacré plusieurs jours à préparer son voyage, car on ne se rend pas au fin fond de l'Hexagone du jour au lendemain, Miles Dilworth débarque à La Forêt avec son collègue photographe. Une autre journaliste est restée au bureau pour retracer le passé du faux espion et préparer l'article. Le duo de reporters tente de faire profil bas mais comprend vite que c'est peine perdue dans un village enclavé comme celui-ci. La réticence des habitants est évidente. Les portes restent closes, les regards sont fuyants, les voitures pressées. Heureusement, ils savent où aller.

D'après leur informatrice, qui leur a par ailleurs expliqué n'avoir jamais rencontré Sandra, sa maison serait la première à droite en entrant dans le hameau. Seulement, il y a deux entrées au village… Miles Dilworth et Roland Hoskins s'arrêtent d'abord devant une vieille demeure complètement abandonnée. Personne ne pourrait y vivre, pas même une marionnette de Robert Hendy-Freegard. Premier échec. Mais pas question de rentrer bredouilles après avoir parcouru plusieurs centaines de kilomètres. Ils retournent à La Forêt le lendemain matin. Et finissent par tomber sur

Philippe qui leur indique la bonne maison située à quelques dizaines de mètres : « C'est celle-là. Celle que vous avez vue hier appartient à un architecte de Paris qui ne vient jamais. »

Les deux Britanniques sont surpris par la bonne volonté que met ce voisin à les aider. Ils ressentent un mélange d'inquiétude et d'excitation. Le Creusois leur demande de baisser la voix. Ils approchent de la maison. Tels trois chasseurs s'avançant discrètement dans un sentier.

— Tu es bien sûr qu'elle habite ici ? relance Miles Dilworth.

— Oui oui, je peux même appeler l'ancien propriétaire pour qu'il vous le confirme, le rassure Philippe.

Il prend les devants et téléphone alors à René, prêt à leur envoyer tous les documents. Heureux coup du hasard : c'est le moment où Sandra sort pour promener un de ses chiens. La végétation, timide en ce début de printemps, la laisse à découvert mais la brume qui s'est levée sur le village ne permet pas aux journalistes de l'identifier. Ils continuent de discuter avec l'éleveur jusqu'à ce qu'ils la voient rentrer chez elle. Ils gagnent ensuite l'arrière de la maison pour jeter un coup d'œil à l'intérieur. Elle ressort. Les journalistes vont la trouver.

Derrière le portail, l'Anglaise, tout de noir vêtue à l'exception d'une écharpe rouge et de bottes jaunes, cadeau de Noël de son compagnon, a mauvaise mine. Son visage, plus pâle encore que d'habitude, ne montre aucune émotion. Elle appuie sur une touche de son téléphone et le brandit à quelques centimètres de ses interlocuteurs. Très calmement, en détachant presque chaque syllabe, Miles Dilworth engage la discussion :

— Est-ce que vous êtes bien Sandra Clifton ?

— Oui.

— Est-ce que vous allez bien ?

— Oui.

— Est-ce que vous avez récemment parlé avec vos enfants ?

— Pourquoi est-ce que vous me demandez ça ?

Depuis le smartphone, une voix d'homme se fait entendre :

— Ne leur dis rien.

Aux questions des journalistes, Sandra se contente de répondre qu'elle est au courant du passé criminel de son partenaire depuis le début de leur relation. Freegard ne la laisse pas en dévoiler davantage. Il doit cependant sentir la situation lui échapper puisqu'il s'adresse directement aux deux hommes sur un ton très agressif :

— Qu'est-ce que vous faites ici ? Si nous sommes venus en France, c'est pour ne pas être dérangés. Partez !

Estimant qu'ils n'apprendront rien de plus, les reporters décident de s'en aller non sans laisser leur carte à Sandra. À peine le temps de rejoindre leur voiture que Miles Dilworth reçoit un appel sur son téléphone. Se serait-elle décidée à parler ? Non, c'est Robert Hendy-Freegard. S'ensuit un échange de quarante-cinq longues minutes. L'un des plus étranges que Dilworth ait eus de sa vie. À l'autre bout du fil, le faux espion tente de l'intimider et cherche à obtenir des informations sur eux. Il martèle aussi que tout est faux, aussi bien dans la presse que sur Netflix. Son argumentaire reste assez limité.

— Je suis un homme très gentil et très amoureux de Sandra. Je ne suis pas un méchant comme on peut le voir dans la série.

Plus surprenant – enfin, l'est-ce vraiment ? – il demande combien le *Daily Mail* serait prêt à payer pour une interview exclusive. La question met fin à la conversation. Miles Dilworth et Roland Hoskins rentrent en Angleterre. Leur collègue restée à Londres est parvenue de son côté à joindre un représentant de la mairie de Vidaillat et les gendarmes. Le sujet est bouclé.

L'article est publié le 15 avril sur le site du journal. Sous ce (très) long titre : « Trouvée : une mère disparue avec le cruel "marionnettiste", arnaqueur et faux espion, a été localisée en France, toujours sous l'emprise du manipulateur, après que la série documentaire Netflix a raconté les sept années de recherche menées par sa famille. » Pour l'illustrer, une photo de Sandra, son portable à la main. L'article révèle une nouvelle tentative d'intimidation de Robert Hendy-Freegard après la visite des journalistes en Creuse.

> « Cette semaine, le *Mail* a trouvé Sandra promenant ses chiens sur une route de campagne près de son refuge français. Habillée de façon décontractée d'une polaire marine, voici enfin la femme disparue dont la photo a été vue dans des millions de foyers depuis le documentaire à succès

de Netflix sur Hendy-Freegard et qui semble être sa dernière “victime”. [...]

Le *Mail* a contacté Hendy-Freegard cette semaine, lui offrant la possibilité de donner sa version sur cette histoire troublante. S’est ensuivi un courriel agressif dans lequel il a remis en question l’intégrité des enfants de Sandra et du journaliste du *Mail* qui lui a rendu visite en France.

Sans faire aucun cas de son passé ni du documentaire Netflix qui lui est consacré, il a enjoint au *Mail* de “réfléchir très sérieusement avant de publier un article tout simplement mensonger” et envoyé une photo de notre journaliste prise par le téléphone de Sandra Clifton à l’extérieur de sa maison en France. Une menace à peine voilée. »

Si la publication suscite un certain émoi en Angleterre et séduit les amateurs de faits divers, elle n’a guère d’impact sur la situation de Sandra de l’autre côté de la Manche. Pourtant, l’étau se resserre à La Forêt.

Le retour

Des vrombissements jusqu'à la tombée de la nuit. Un bruit désagréable dont on attend impatiemment la fin. Ce corps étranger brisant la quiétude de la campagne creusoise. Un rituel à La Forêt à chaque retour de Robert Hendy-Freegard. L'Anglais, pourtant peu habile de ses mains, manifeste sa présence en passant le rotofil à la tombée de la nuit. Une habitude qui horripile le voisinage. Surtout quand la famille est de passage, comme souvent chez Léon. Un soir, n'y tenant plus, le mirador a hurlé sur l'Anglais : « *STOOOOP! WE HAVE BABIES!* » Freegard s'est arrêté net et a tenu à s'excuser dès le lendemain. Tout à fait calme et serein. Soucieux encore de maintenir de bonnes relations avec ses voisins.

Ce soir du 7 mai qui marque la réapparition de l'Anglais après onze mois d'absence, Marc choisit une tout autre méthode. À son image, sur le ton de l'humour et du sarcasme. Quand le moteur de l'engin s'arrête enfin vers 22 heures, il s'approche du grillage et applaudit en se fendant d'un large sourire :

— Bravo Monsieur Freegard !

Sans rien ajouter, il tourne les talons et rentre tranquillement chez lui. L'Anglais reste interdit. C'est la première fois qu'il s'entend appeler par son nom à La Forêt. Le lendemain, il se précipite vers Marc pour comprendre sa réaction. Le retraité ne se laisse pas démonter : « Mais c'est pour avoir arrêté le spectacle. Je vous remerciais simplement ! » Robert Hendy-Freegard n'insiste pas.

Depuis la diffusion du documentaire, il se doute forcément qu'ils savent. Il doit même les suspecter d'avoir dépêché les journalistes du *Daily Mail* auprès de Sandra. Son comportement évolue. Il s'arrange désormais pour revenir plus souvent. Et replonge le village dans la tourmente. La trêve est terminée pour les espions de La Forêt. Sa simple présence déséquilibre leur quotidien redevenu pourtant presque normal. Ils ne peuvent l'ignorer. La boule au ventre, chacun reprend son poste d'observation avec davantage d'appréhension qu'auparavant. À chacune de ses apparitions résonne la petite musique angoissante de la série. Et tous revoient les visages désemparés de Sophie et Jake.

Jeannette a tout de suite prévenu la jeune Anglaise du retour de son voisin, relançant un dialogue quelque peu éteint depuis plusieurs semaines. Sophie la remercie et s'excuse de ne pas avoir donné de nouvelles. Ils continuent de parler avec la police, mais « tout est très lent ». Si elle a du nouveau, Jeannette, qu'elle remercie encore pour son aide, sera la première au courant. Toujours très inquiète pour sa mère, Sophie conclut son message en expliquant qu'elle ne sait pas très bien quoi dire ou faire.

Si les craintes de la jeune Britannique sont justifiées, Sandra vit sans doute l'un de ses meilleurs moments à La Forêt. Robert Hendy-Freegard veut parer aux questions de ses voisins sur l'état de sa compagne. Et surtout empêcher la comparaison entre ses conditions de vie et celles des autres femmes qu'il a manipulées. Il commence par la relooker pour montrer qu'il s'occupe bien d'elle. Virée chez le coiffeur pour retrouver le blond de ses cheveux blanchis et abîmés par le manque d'entretien. Achat d'un petit chemisier marron orné de fleurs blanches et d'un rouge à lèvres. Afin que les chiens ne restent pas les seuls spectateurs de cette transformation, il demande à sa compagne de sortir et de déambuler plus ou moins naturellement dans le hameau. D'une pierre deux coups : elle montre ainsi sa liberté de mouvement. Les voisins ne se laissent pas berner. Ils n'y voient rien d'autre qu'une énième manœuvre destinée à les duper… C'est raté. Le Britannique ne sait pas qu'il ferait mieux de se soucier des autorités.

En effet, le 2 juin, un nouvel arrêté préfectoral est publié. Il porte cette fois sur la fermeture définitive de l'élevage de chiens :

> « …Vu le courrier du 12 mai 2022 informant les exploitants de la décision de fermeture de leur établissement d'élevage de chiens en application du I de l'article L 171-7 susvisé ;

Vu l'absence de réponse de l'exploitant au terme du délai déterminé dans le courrier en date du 12 mai 2022 susmentionné ;

Considérant que les installations d'élevage de chiens de M. David HENDY et Mme Sandra CLIFTON sont exploitées sans l'autorisation requise et qu'à la date d'édiction du présent arrêté, la mise en demeure de régulariser issue de l'arrêté préfectoral du 25 mars 2022 susvisé n'est pas satisfaite ;

Considérant que les intéressés ont été en mesure de présenter leurs observations dans le cadre du courrier qui leur a été adressé par Mme la Préfète de la Creuse en ce sens le 19 mai 2022 ;

Considérant la teneur des rapports de l'inspection des installations classées des 27 octobre 2015, 15 septembre 2021, 21 janvier 2022 et 24 avril 2022 ainsi que le procès-verbal de constatations n° 2022-05 transmis à M. le Procureur de la République près le Tribunal de Grande Instance de Guéret par ladite inspection du 22 avril 2022 ;

Considérant que face à la situation irrégulière des installations de M. David HENDY et Mme Sandra CLIFTON et eu égard à la gravité des atteintes aux intérêts protégés par l'article L. 511-1 du Code de l'environnement, il y a lieu de faire application des dispositions de l'article L.171-7 du même code en fermant les installations visées par l'arrêté préfectoral de mise en demeure susvisé... »

Traduction : les beagles doivent quitter La Forêt-Belleville dans les prochaines semaines. Avec ou sans Sandra Clifton.

Martine Laporte et les voisins prennent connaissance de l'arrêté. Pour eux, c'est peut-être enfin le début de quelque chose.

La brèche

Depuis la Moselle, Madeleine et Michel ont été informés des moindres avancées de l'affaire par Jeannette, jamais avare de renseignements. L'été s'avance et les séjours des retraités se font plus réguliers. Ils profitent de l'air de la campagne, de la fraîcheur de La Forêt et… des aboiements des beagles. Ce regain d'intérêt pour les conditions de vie de leur maîtresse n'a en rien perturbé leur concerto. Ils se répondent, parfois jappent à l'unisson. Petite pause. Ont-ils terminé ? Non, ils recommencent. Ce vacarme rend Madeleine malade. Jusqu'à la fois de trop. Elle passe à la vitesse supérieure.

— Ce n'est plus possible tes chiens ! J'en ai marre ! Ils font du bruit et ils puent ! Il faut que tu trouves une solution car j'ai besoin de calme ! hurle la retraitée en direction de sa voisine de l'autre côté du grillage.

Vexée et quelque peu choquée par l'invective, Sandra repart sans un mot vers sa maison, puis après avoir parcouru trois mètres revient sur ses pas :

— J'essaie de faire ce que je peux…

— Mais combien as-tu de chiens ? réplique la Lorraine.

— Trop… beaucoup trop… Je ne peux pas faire mieux.

L'Anglaise rentre chez elle pour ressortir au bout d'une heure. Madeleine est toujours là. Elle l'interpelle de nouveau et, au culot, lui assène le coup fatal, toujours en anglais :

— Oh, j'ai vu ta fille sur Netflix… Elle est pareille que toi…

Derrière le portail, Sandra peine à dissimuler sa surprise puis son émotion. Sa lèvre supérieure tremble. Ses yeux se remplissent de larmes. Madeleine ne les verra pas couler. Elle s'est repliée dans sa tanière. Netflix ? Sa fille ? Sa voisine l'a-t-elle vue ? Où ? Quand ? Le choc est violent pour Sandra.

Quelques mois plus tôt, le voisinage a empêché Jeannette de lui montrer la série documentaire pour éviter ce traumatisme. Le témoignage de Sarah Smith a marqué les esprits. L'ancienne marionnette de Robert Hendy-Freegard a eu besoin d'un long suivi psychologique avant de pouvoir s'exprimer. Les voisins craignaient aussi d'alerter Freegard. Cette fois, impossible de faire machine arrière. Le moment est venu. Madeleine le sent. Elle en parle à Jeannette :

— Il y a une brèche chez Sandra. À toi de jouer maintenant en le disant à Sophie.

Le relais est pris. Chacun son rôle dans cette mission de sauvetage.

Dans la journée du 3 juillet, Jeannette prévient

Sophie que sa mère est au plus mal et attend un coup de téléphone de sa part. La jeune femme lui demande quel numéro contacter. Comme Robert répondait toujours à sa place, elle ne l'a plus. La retraitée propose de donner le numéro de Sophie à sa mère, mais celle-ci refuse. Elle a peur que Freegard utilise Sandra pour la joindre. Il lui a déjà envoyé des messages horribles par le passé. Jeannette suggère qu'elle appelle sur son téléphone fixe, elle pourra peut-être se débrouiller pour faire venir Sandra. Finalement Sophie envoie une vidéo de 30 secondes sur le Messenger de Jeannette : « Salut Maman. Ne pense pas que je te déteste, s'il te plaît. Je veux juste que tu saches que j'essaie de t'appeler et je vais trouver un moyen de te parler. Nous allons trouver. Si tu ne te sens pas en sécurité, c'est ton choix. Tout ça est ton choix. Nous prendrons soin de toi si tu le souhaites. Et si tu ne veux pas, je vais au moins te parler. Je vais prendre soin de toi. »

En découvrant le message, Sandra fond en larmes.

Le 5 juillet, Jeannette a récupéré le numéro de Sandra mais son téléphone ne prend pas les appels masqués et Sophie veut éviter à tout prix de tomber sur Freegard. Le portable de Jeannette ne passe pas bien. C'est la Creuse.

Le 15 juillet, toujours sur Messenger, Sophie annonce à Jeannette qu'elle va venir en Creuse. Elle a cherché à prévenir la maire, mais n'a pas réussi à la joindre. Elle demande si Freegard n'aurait pas placé des caméras dans le village. Et s'il est là en ce moment. Jeannette la rassure : pas de caméra et aucun signe de l'Anglais. Martine Laporte va appeler Sophie. Celle-ci espère parvenir à Vidaillat dans la nuit du 17 juillet.

« S'il vous plaît, ne dites pas à notre mère que nous arrivons. Nous ne voulons pas qu'elle le dise à Robert. »

Sophie

Martine Laporte observe par la fenêtre le carrefour du bourg de Vidaillat. C'est calme. Un parfum de vacances avant l'heure. Elle songe aux deux semaines qu'elle prendra à la fin du mois d'août. Une pause bienvenue avant la rentrée. Plus qu'un mois à tenir.

Mais les deux femmes qui viennent de franchir la porte de son bureau la ramènent à sa tâche.

L'édile reconnaît le visage fin de la plus jeune, encadré de longs cheveux châtains ondulés. Sophie Clifton est enfin à Vidaillat. Grande, la peau très blanche comme Sandra, ses yeux en amande ne dissimulent rien de ses émotions. Elle est accompagnée de Liz, une cousine de sa mère, la cinquantaine bon teint, carré strict et lunettes sobres. Le duo a préparé sa venue depuis plusieurs jours après de nombreux échanges avec Jeannette. Un débarquement en Creuse ne s'improvise pas, et le danger rôde autour de la famille Clifton.

Consciente de leur inquiétude, la maire s'est engagée à soigner leur arrivée. Elle les reçoit chaleureusement et leur a trouvé un logement du côté de Bourganeuf. La cousine est beaucoup plus calme que Sophie dont l'exubérance peine à masquer l'anxiété. Liz a appris que Sandra se trouvait en France *via* le *Daily Mail*. Leur dernière rencontre remonte à son mariage dix ans plus tôt. Elle était venue avec son nouveau compagnon, un certain David Hendy, avant de disparaître. Mais Liz la savait toujours en vie : Sandra a appelé plusieurs fois sa tante quand sa mère est morte. Freegard écoutait tous les appels.

Si l'Anglaise semble moins troublée que sa cadette, elle partage son inquiétude : comment entrer en contact avec Sandra et acceptera-t-elle de leur parler ? Le voyage peut s'avérer un échec cuisant. Sophie n'a pas voulu prévenir sa mère, par crainte d'être mise en contact avec Robert Hendy-Freegard et de subir un nouveau lavage de cerveau. Quelques heures plus tôt, elles ont débarqué à Calais avec la voiture de Liz. Avant d'entamer un long trajet jusqu'en Creuse. Sur la route, Sophie a tenté de s'occuper l'esprit en comptant toutes les voitures croisées ainsi que leur département d'origine. Elle n'ose croire à ces retrouvailles.

La visite à Vidaillat n'a pu être organisée plus tôt en raison de son emploi du temps. Sophie travaille dans le milieu éducatif et n'a donc pu se libérer avant les vacances scolaires. Dans l'attente depuis des mois, les voisins de Sandra se sont même demandé si elle voulait réellement retrouver sa mère. Ils ont sous-estimé sa détresse. En février, Sophie leur a confié, par l'intermédiaire de son amie Pauline, avoir prévenu la police anglaise. Inutile de se précipiter au risque de griller toutes leurs cartes. Elle s'est préparée psychologiquement à cette venue à Vidaillat. Voire techniquement. Le voisinage s'imagine même qu'elle a apporté un brouilleur d'ondes pour empêcher Robert Hendy-Freegard de tracer son téléphone.

Au terme de cette courte entrevue à la mairie, les deux Britanniques se rendent à la gendarmerie. Elles sont briefées sur la situation par des officiers qui leur demandent de se montrer prudentes. Il serait même préférable d'attendre le lendemain matin pour bénéficier d'une escorte jusqu'à La Forêt. Cette possibilité les fait réfléchir. Pourquoi pas ?

Mais, à La Forêt, l'impatience prend le dessus. Prévenue de leur arrivée imminente, Jeannette s'étonne de ne pas les voir. Elle prend l'initiative de contacter Sophie pour la convaincre de venir dès l'après-midi. Son compagnon Marc a un rendez-vous médical le lendemain matin et il est hors de question pour la retraitée de manquer les retrouvailles. Ce serait comme avoir regardé toute une série en manquant le dernier épisode. À la mi-journée, les deux femmes échangent plusieurs messages. Sophie et Liz cherchent une carte SIM pour Sandra et un logement pour la nuit suivante. Elles se demandent comment aborder Sandra, Martine Laporte les ayant prévenues qu'elle ne quittait pas la cour. Les verra-t-elle arriver ? Non, les rassure la retraitée. La maison se trouve dans un renfoncement, mais mieux vaut se garer à l'embranchement de la route juste derrière, là où se postent les gendarmes quand ils descendent au hameau. Jeannette peut leur montrer la route, tout de suite même. Où sont-elles ?

« Nous sommes à Bourganeuf en ce moment. Nous viendrons de là.

Je peux, c'est à douze kilomètres. Tu me dis. J'ai une amie qui a un hôtel à Bourganeuf.

Vous est-il possible de nous aider à les contacter ? Nous n'avons toujours pas d'endroit où rester demain.

Vous êtes où à Bourganeuf ? Je vais venir vous rejoindre.

Nous sommes dans un parking près de cette boulangerie.

Sophie envoie leur géolocalisation.

Je pars. »

Jeannette et Marc grimpent dans leur voiture et avalent rapidement la quinzaine de kilomètres qui les séparent de Bourganeuf. Ils retrouvent les deux femmes au point de rendez-vous. En reconnaissant Sophie, la retraitée porte la main à sa bouche pour réprimer son émotion. Elles auront tout le loisir de discuter plus tard. Les deux Britanniques sont guidées jusqu'à La Forêt et la maison du couple. Ils arrivent peu avant 17 heures. Marc décide de garer la voiture, immatriculée en Angleterre, plus loin. Il veut éviter que Sandra prenne une photo et l'envoie sur-le-champ à Robert Hendy-Freegard. À peine le pied à terre, Sophie lance des regards furtifs vers l'enclos pour tenter d'apercevoir sa mère. Mais il n'y a personne dehors.

La bâtisse semble tomber en ruine. Comment peut-elle y vivre depuis plus de sept ans ? Sophie n'ose pas s'approcher et suit les voisins chez eux. Jeannette décide de prévenir Véronique et Philippe. Elle ne veut pas la jouer en solitaire. Les éleveurs les rejoignent rapidement.

Alertés par toute cette agitation, Pierre-Yves et Patrick se précipitent dans leur jardin pour reprendre leur poste d'observation. Ils gardent leurs distances, nul besoin de perturber davantage les deux femmes. Mais ils sont soulagés que les choses avancent enfin. Depuis plusieurs mois, les mêmes questions reviennent : « Qu'est-ce que Sandra a fait aujourd'hui ? Est-ce que tu l'as vue ? Est-ce que les gendarmes vont venir ? Pourquoi les enfants ne viennent pas ? ». Enfin rassurés, ils examinent le dispositif improvisé par les deux autres couples : les hommes dehors pour guetter la sortie de Sandra, les femmes à l'intérieur avec Sophie et Liz. Elles observent la jeune Clifton. Son regard s'est éteint. Elle semble perdue et tient dans ses mains un carton avec des cahiers de coloriage, des crayons de couleur mais aussi des bonbons. Ce que l'on offre habituellement aux personnes internées dans les hôpitaux psychiatriques. Les Françaises ont à peine le temps de poser des questions qu'elles entendent les guetteurs crier : « L'Anglaise sort ! » Sandra commence à promener deux beagles dans son enclos.

Sophie et Liz traversent la petite terrasse et la distinguent de dos, à quelques dizaines de mètres. « *Mum, mum !* » hurle Sophie. Sandra se retourne, apeurée. Elle se sauve dans la maison avec ses chiens.

Sophie reste au portail et s'entête à l'appeler. Sa mère ressort, s'approche d'un pas méfiant mais reste à un bon mètre. Son visage est fermé. Elle rechigne à répondre à Sophie, désemparée par son comportement. Sans doute pense-t-elle aux conditions dans lesquelles sa fille l'a quittée.

Après une phase d'observation, Sandra brise enfin le silence : « Est-ce que mon ex-mari est là ? » demande-t-elle. Les deux femmes lui assurent que non. Robert Hendy-Freegard lui a mis dans la tête que Mark était un homme violent.

Liz lui fait un signe de la main par-dessus le portail. Cette fois, Sandra répond. Elle s'avance et, bien que séparées par le portail, les cousines tombent enfin dans les bras l'une de l'autre. Sous les yeux de Sophie, en larmes. Et des voisins, tout aussi émus.

Parenthèses

L'opération de secours n'est pas l'apanage des retraités et agriculteurs de La Forêt. C'est devenu l'affaire de tous ceux qui, même ponctuellement, se soucient de la vie du hameau. Y compris les plus jeunes. Par son niveau d'anglais et son attrait pour l'humanitaire, Victor, le petit-fils de Madeleine, s'est spontanément intégré à la mission « Sauver Sandra ».

Devenu bilingue par passion, l'adolescent brun et élancé ambitionne de devenir ingénieur ou bien développeur dans le milieu de l'informatique et de l'électronique. Quand il n'est pas absorbé par ses devoirs, il parcourt des menus de jeux vidéo en anglais et joue en ligne avec des étrangers anglophones basés aux États-Unis, au Royaume-Uni ou même en Russie. Un bel exercice car, dans l'euphorie de l'action, le décryptage des échanges est parfois périlleux. Victor est aussi pompier volontaire, mission qu'il abandonne de temps en temps l'été pour rejoindre la résidence secondaire de ses grands-parents.

Très manuel, il aide ses aînés à la rénover en travaillant le plancher ou bien en peignant les murs. Quand il ne s'active pas dans les bois. Malgré ses journées bien occupées, le jeune Alsacien ne peut ignorer ce qu'il se passe de l'autre côté du portail.

La voisine anglaise, sale et décharnée, l'a immédiatement intrigué. Il a observé sa routine, repéré ses habitudes comme celle de toujours verrouiller sa porte ou se nourrir exclusivement de boîtes de conserve dont certaines doivent être périmées. Ses grands-parents lui ont rapidement expliqué la situation, comptant sur sa maturité précoce pour éviter tout écart de conduite. Naturellement, il a voulu aider.

Grâce à son aisance en anglais, il a pu approcher Sandra, déterminer ses besoins en nourriture, prendre un rendez-vous chez le dentiste parce qu'elle avait mal à une dent. Parfois, lors de leurs brefs échanges, Sandra a baissé la garde. Victor l'a entendue plusieurs fois demander de l'aide avant de se refermer aussitôt. Et plusieurs fois, notamment lors de la longue absence de son compagnon, il lui a semblé qu'elle cherchait à se libérer de son emprise. Si leur petit-fils n'a jamais croisé Robert Hendy-Freegard à La Forêt, Madeleine et Michel lui ont résumé la série documentaire de Netflix, devenue un sujet de discussion entre Victor et ses camarades de classe. Ils sont fascinés de le savoir côtoyer une telle célébrité pendant ses vacances en Creuse. À la différence de ses parents, nettement moins enthousiastes, mais fiers de voir leur fils s'investir pour rendre service à quelqu'un. Lors de leurs brèves conversations, Victor analyse chaque mot de l'Anglaise. Il s'est rendu compte que Sandra mentionne peu Freegard, comme si elle cherchait à l'effacer pour se créer un nouveau monde.

Chacun de ses séjours en Creuse renforce le lien que Victor a tissé avec elle. Il est même impatient de la retrouver. Comme ce 18 juillet où il revient à Vidaillat avec ses grands-parents, accompagné de ses jeunes cousins.

Mais ce retour est bien différent des autres. À peine sorti de la voiture, Victor assiste ébahi aux retrouvailles entre Sandra, sa fille et sa cousine. Leur ressemblance saute aux yeux. C'est bien la Sophie de Netflix en chair et en os. Devant cette scène, Madeleine et Michel improvisent et sortent deux tables dans le jardin pour organiser un apéritif suivi d'un repas. L'Anglaise, toujours très prudente, s'est laissé convaincre après plusieurs minutes d'âpres négociations. C'est la première fois qu'elle franchit son portail pour rejoindre la cour d'une autre maison. Symboliquement, elle lève la barrière qui la sépare du monde extérieur depuis son arrivée en Creuse. Et quoi de mieux qu'une soirée barbecue pour regoûter à la convivialité ?

Victor s'assied à la table des trois Anglaises tandis que ses grands-parents font dîner leurs autres petits-enfants à quelques mètres. Sophie est heureuse, sa mère a laissé de côté sa laisse électronique, le téléphone qui la relie non-stop à Robert Hendy-Freegard. Elle craint cependant que Sandra ne l'ait prévenu de leur arrivée et qu'il débarque pour leur faire du mal. Personne ne mentionne son nom. Cette absence enlèverait presque toute dramaturgie au tableau. Victor a l'impression d'assister à un repas de famille dont les membres se seraient quittés la veille. La conversation, banale, se poursuit dans la pénombre jusqu'à minuit, et s'achève sur de touchants adieux.

Derrière le grillage, Jeannette et Marc gardent un œil attentif sur ces échanges. Un peu déçus de ne pas avoir été conviés au barbecue. Par politesse, ils n'ont pas insisté, mais ont proposé aux deux Anglaises de dormir chez eux. Elles ont décliné, redoutant le retour de Freegard. Cette nouvelle marque d'attention a bouleversé Liz, très émue par la sollicitude du voisinage.

Le lendemain elle apprendra que le « marionnettiste » a appelé sa mère pour obtenir son numéro. Celle-ci a bien entendu refusé et en a profité pour lui dire son fait, lui expliquant que si elle s'était montrée amicale jusque-là c'était uniquement pour avoir des nouvelles de sa nièce et entendre sa voix.

Après avoir longuement remercié les voisins, Liz et Sophie reprennent la direction de Bourganeuf afin d'y passer la nuit. Elles ne reviendront plus au hameau. À la demande des gendarmes, pour leur sécurité. Mais leur séjour en Creuse n'est pas terminé pour autant. Les deux femmes ont décidé de le prolonger de deux jours pour rencontrer les autorités.

Avant son départ le 21 juillet, Sophie écrit à Jeannette qu'elle s'autorise pour la première fois à espérer. Il semble que les polices française et britannique travaillent dans le bon sens. Elle ne sait pas encore quand elle pourra revenir mais reste joignable pour ceux qui tentent de les aider. Sophie ne pensait pas rencontrer en France un tel élan de solidarité envers sa mère. Elle les remercie mille fois, tous.

Sur le départ

C'est le signal. À peine l'Audi bleue entrée dans La Forêt, chacun se rue sur son smartphone pour le signifier aux autres. Sophie est immédiatement alertée par Jeannette, son relais officiel en Creuse. La visite de la jeune femme n'a fait qu'accentuer la mobilisation des voisins. Ils doivent se montrer à la hauteur. Une erreur, un oubli, et tout pourrait tomber à l'eau. S'ils pouvaient communiquer avec Sophie en direct par talkie-walkie, ils le feraient. La méticulosité de Jeannette la conduit peut-être à surinterpréter certains détails.

Un soir, alors que le portail est resté ouvert, elle craint une fuite à la cloche de bois. Finalement l'Anglais part seul pour revenir aux alentours de 5 heures du matin. Rebelote la nuit suivante. La retraitée est sûre cette fois qu'il prépare son déménagement : « La prochaine fois qu'il viendra, ce sera en camion pour enlever le reste… Il a reçu un double de l'arrêté préfectoral pour lui enlever tous les chiens. Il va sûrement les déplacer. Et il emmènera Sandra, ça ne fait aucun doute », écrit-elle à une Sophie catastrophée. « Nous ne savons pas quand les services de police vont venir. Mais ça va aller vite maintenant. Et il le sait. C'est pourquoi il a fait un rapide aller-retour et inspecté notre cour à la lampe cette nuit pour voir si nous étions dehors. »

Les charmantes conversations au grillage sont bien révolues.

Le 5 août, Miss Marple voit l'Anglais multiplier les allées et venues entre sa voiture et la grange. Elle le soupçonne de vider la maison et le voit emporter ce qui ressemble à des montres de luxe. Jamais elle ne l'a senti aussi stressé, méfiant. Il jette des regards par-dessus son épaule à chacun de ses déplacements. Effrayée, elle demande à certains de ses voisins s'ils possèdent un fusil.

Pierre-Yves, en retrait de la frénésie collective maintenant que les enfants et les autorités sont alertés, tente de la raisonner. Inutile de paniquer au risque de tout précipiter.

Robert Hendy-Freegard sent-il le piège se refermer sur lui ? Pourtant, cette fois ni Scotland Yard ni le FBI ne sont à ses trousses. Seulement un modeste village creusois.

Rogue Agent

La nuit vient de tomber sur la campagne. Installé devant la cheminée, Robert Hendy-Freegard regarde le feu se consumer. Une voiture est à l'approche. À son bord : quatre personnes dont Alice Archer et Sophie Jones. La première est une avocate qu'il a tenté de manipuler avant qu'elle ne comprenne son stratagème. La seconde l'une de ses anciennes victimes. Toutes deux ont le même objectif : mettre un terme à ses agissements.

Le véhicule avance le long d'un chemin sinueux avant de se garer près de la maison. Freegard passe à la salle de bains. Dans la baignoire gît tout habillée la femme sous son emprise, inconsciente. Du sang coule sur son visage. Il murmure : « Je crois que tu as des médicaments dans la voiture. Je vais aller voir. Tout va bien se passer maintenant. » En sortant, il tombe nez à nez avec Alice Archer.

— Alice ?

— Tu dois t'arrêter à un moment, Robert, ça ne peut pas durer éternellement.

Les deux anciens amants se font face. Robert Hendy-Freegard cherche à reprendre le contrôle de la situation :

— Viens avec moi.

— Quoi ?

— Tu n'es pas venue parce que tu voulais m'arrêter. Tu es venue parce que tu voulais savoir si ce que je t'ai dit au téléphone était vrai. Si tu es la seule personne que j'ai vraiment aimée. Eh bien, c'est vrai, tu es la seule. Alice regarde-moi, je crois que tu es ma dernière chance. Je peux changer. Toi et moi. On s'en fout, on prend la voiture, les clefs sont dessus. Viens !

— Si tu fuis, ils t'arrêteront.

— Non, ils ne le feront pas. Ils ne le feront pas. Viens. Allons-y ! Alice, on y est. C'est maintenant ou jamais. S'il te plaît, Alice…

Freegard perçoit les voix au loin. Il les entend crier le nom de l'avocate.

— Bordel de merde !

Il part en courant pour s'engouffrer dans sa voiture, met rapidement le contact et démarre en trombe. Mais, quelques mètres plus loin, une autre voiture recule sur le chemin. La collision est inévitable. Sophie Jones vient de l'empêcher de prendre la fuite. Fin de partie pour l'Anglais. Les policiers locaux l'embarquent au petit matin sous les yeux de ses anciennes victimes. La femme dans la salle de bains est prise en charge par les secours. Un médecin glisse à son collègue : « Elle semble bien traumatisée. »

Deux ans plus tard, à l'issue de son procès, il est condamné à une lourde peine.

En cellule, un gardien vient le trouver :

— Désolé, il faut que je te demande. Certains prisonniers disent que tu n'es pas vraiment un taulard. Que tu es du MI5 ou un truc dans le genre.

— Je ne peux pas parler de ça et toi non plus tu ne devrais pas. Cette conversation peut m'être fatale.

— Oui, bien sûr. Avec moi, ton secret est bien gardé. Maintenant, si tu as besoin de quelque chose, tu n'as qu'à demander…

Ainsi se termine le film *Rogue Agent*, diffusé au Royaume-Uni sur Netflix dès le 27 juillet 2022 et dans les cinémas américains le 12 août de la même année.

Cette version semi-fictionnelle de l'histoire de Robert Hendy-Freegard est le fruit du travail au long cours du journaliste Michael Bronner et de deux réalisateurs, Adam Patterson et Declan Lawn. Tous trois ont su cerner l'insaisissable manipulateur. Reste à savoir si celui-ci a pris connaissance de l'œuvre et s'il l'a visionnée. Le contraire serait étonnant tant il se soucie de sa personne et de son image auprès du public. Le voici désormais au cinéma comme son modèle, James Bond. Ce n'est pas rien.

À Vidaillat, personne n'a vu ce film dont la sortie coïncide pourtant avec la fin des aventures de l'Anglais en terres creusoises.

La vipère de Dieu

— Attention à vous, David veut vous attaquer et vous faire du mal. Protège ta famille. Il est dangereux. Il a récupéré ton numéro de téléphone.

En entendant les mots prononcés par Sandra, Madeleine sent la situation basculer. Sa voisine n'a pas pour habitude d'exagérer ses propos. Si elle le dit, il faut la croire. De pesante, la situation devient dangereuse. Difficile de savoir si Sandra cherche à les protéger ou si elle est télécommandée par Freegard. Madeleine et son mari prennent la mise en garde très au sérieux et décident d'en faire part à la gendarmerie. Plusieurs officiers rendent visite à Sandra pour lui demander de répéter ses propos. Elle se rétracte. Étonnant ? Pas vraiment. Madeleine ne misait pas grand-chose sur son témoignage. *A minima*, les gendarmes sont informés de la tension palpable qui s'est installée à La Forêt depuis la visite de Sophie.

La convivialité estivale a cédé la place à l'anxiété. Le sort de Sandra n'est plus entre les mains des villageois, mais, un mois après la visite de sa fille, elle est toujours là. À se demander si elle quittera un jour sa prison.

Ses voisins, dans l'attente de nouvelles instructions, n'osent pas agir sans le feu vert des enfants. Alors, ils essaient tant bien que mal de mener une vie normale : Véronique et Philippe s'occupent des moutons, PYB et Patrick entretiennent leur jardin, Jeannette et Marc se tiennent au frais dans leur maison, Léon et Germaine se plongent dans la paperasse. Mais le cœur n'y est pas. Leurs pensées reviennent toujours à Sandra. Le fil rouge qui les relie. « Il y a du nouveau ? », demande régulièrement Pierre-Yves à Jeannette. « Non, toujours rien… », lui répond-elle.

Robert Hendy-Freegard revient plus régulièrement, ne laissant aucun répit à sa compagne. Il cherche encore à savoir qui a fait venir les journalistes du *Daily Mail* et percé l'isolement qu'il a soigneusement mis en place depuis bientôt dix ans. Ses soupçons se portent d'abord sur les habitants de la maison mitoyenne qui ont passé la soirée avec Sophie et Liz. Nul ne sait comment il l'a su. Est-ce que Sandra le lui a dit ? Quelqu'un d'autre ? A-t-il finalement placé des caméras ? La première hypothèse semble la plus plausible aux yeux de Madeleine et Michel, désormais dans son collimateur. Ils ne se sentent pas menacés dans leur intégrité physique mais Freegard pourrait mettre le feu quelque part et causer de gros dégâts matériels. Leur inquiétude croît au cours du week-end du 20 août. Madeleine reçoit un appel tardif d'un numéro inconnu. Elle décroche. Au bout du fil : le faux espion, *a priori* loin de la Creuse. Il est tendu. Sa voix ne conserve aucune trace de cette amabilité doucereuse dont il a usé pendant tant d'années. La discussion, très virulente, alterne coups de pression en anglais et invectives en français. Sandra est bien sûr au cœur de l'échange.

— Pourquoi vous parlez à ma femme ?

— On essaie de savoir si elle va bien et on tente de s'occuper d'elle. Il faut bien que quelqu'un le fasse car vous n'êtes jamais là.

— Elle va très bien. Vous n'avez pas à vous occuper d'elle. Certains voisins sont méchants ici.

— Lesquels ? Ceux qui essaient de l'aider ?

— Oui. Il y a cette Jeannette qui se mêle de ce qui ne la regarde pas. C'est la vipère de Dieu !

Le bip de fin d'appel résonne dans la tête de Madeleine. Pour la première fois, Robert Hendy-Freegard s'est ouvertement montré menaçant. Et il a explicitement mentionné Jeannette. Est-elle en danger ? Madeleine en est persuadée.

L'appel

« La vipère de Dieu… mais qu'est-ce que ça veut dire ? » Jeannette vient d'apprendre son nouveau surnom de la bouche de Madeleine. Elle préférait Miss Marple. Au moins, elle comprenait pourquoi. Là, elle n'a pas la définition exacte. L'une pourrait correspondre sur internet mais elle fait référence au « serpent de la Bible ». Une erreur de traduction ? Ce serpent, ou « Nahash », est celui qui a incité Ève à manger le fruit défendu, entraînant sa chute et celle d'Adam. Est-ce donc ça ? En tout cas, la retraitée se rend bien compte que le sobriquet n'a rien de flatteur. Si Robert Hendy-Freegard en reste aux invectives, ça ira. Mais mieux vaut prévenir que guérir. Dès le lendemain de l'appel, Madeleine et Jeannette décident de pousser Sandra à téléphoner à ses enfants. Les retraitées veulent créer un nouveau déclic chez l'Anglaise.

Une affaire de femmes. Les hommes restent en retrait pour ne pas perturber Sandra. Leur hantise à tous est de voir débarquer son compagnon s'il apprend leurs manœuvres. Madeleine et Jeannette multiplient les sollicitations à travers le grillage pour organiser l'appel mais surtout le départ qui semble enfin possible. Si Sandra les pense en danger, elle pourrait vouloir partir pour les protéger.

Dans l'après-midi, première victoire : la Britannique contacte enfin Jake. Sous leurs yeux. Les voisins ne parviennent pas à saisir suffisamment de mots pour comprendre la discussion. Ils la regardent en revanche faire les cent pas dans son enclos. Absorbée, Sandra ne répond plus aux sollicitations de son maître. Il la sent partir et tente par tous les moyens de la joindre sur son téléphone. Toujours rien. Elle est bien trop occupée à expliquer à son fils qu'elle a décidé de couper tout lien avec Robert Hendy-Freegard. Elle l'autorise à venir en Creuse. Leur échange dure quatre heures. Quatre longues heures au cours desquelles Madeleine et Michel ne sont jamais très loin. De leur terrasse, Jeannette et Marc n'en perdent pas une miette. À son intonation, ils comprennent qu'elle est heureuse de parler à son fils. Mais un bruit de moteur les arrache à la douceur du moment.

Un 4 × 4, volant à droite, immatriculé en Angleterre, se gare à quelques mètres de chez eux. Un couple portant des masques chirurgicaux, sans doute proche de la retraite, sort du véhicule. « On veut parler à Sandra ! » indique l'homme à qui il ne manque qu'un colt pour compléter sa parfaite panoplie de shérif.

— Là, ça ne va pas être possible car elle est au téléphone comme vous pouvez le voir, lui répond Michel sur un ton sec.

Les deux intrus aboient en anglais. Pour Madeleine, cela ne fait aucun doute : ce sont des sbires de Freegard. Ils sont plusieurs dans le village à penser que le faux espion dispose de complices dans le secteur afin d'assurer la surveillance de Sandra quand il est absent. Madeleine reconnaît leurs visages : ce sont les restaurateurs-traiteurs venus au mois de février livrer des repas à Sandra. Juste après la diffusion de la série Netflix. Autre manœuvre pour rassurer tout le monde. Pendant quinze jours, ils s'étaient présentés quasi quotidiennement à son domicile. Par le passé, un autre couple d'Anglais était venu entretenir l'enclos. La communauté anglaise n'est jamais bien loin. Véronique avait relevé la plaque d'immatriculation de leur véhicule pour la donner à son contact des renseignements territoriaux, sans résultat. Sont-ils membres d'un réseau monté par Robert Hendy-Freegard et acquis à sa cause ? En tout cas, en février le traiteur avait glissé à un voisin : « Il ne faut pas croire Netflix. C'est un homme bien. Rien n'est vrai. »

Cette fois, l'Anglais tient un portable à la main. Michel reconnaît la voix de Freegard qui s'échappe du haut-parleur. Il les a bien envoyés. Et ces masques sont quand même pratiques pour se protéger de l'odeur pestilentielle qui doit régner dans la maison. Michel photographie la plaque d'immatriculation au cas où. Tout est bon pour faire monter la pression auprès des gendarmes. L'homme n'apprécie guère ce geste et menaçant s'approche du retraité. « Je peux aussi vous tirer le portrait s'il le faut ! » se défend Michel, avant d'enfoncer le clou : « Vous voyez bien qu'elle est au téléphone ! » Oui, mais ils veulent lui parler de vive voix. Ce n'est que lorsque Sandra raccroche et leur dit que tout va bien qu'ils se décident à partir.

En retrait, Madeleine notifie l'incident à Sophie avec qui elle échange maintenant sur WhatsApp. La jeune femme doit contacter la gendarmerie. Des Anglais très agressifs ont fait irruption à La Forêt. Il faut agir rapidement avant que Freegard ne revienne. Dans quelques jours, Madeleine et Michel quitteront La Forêt et Sandra sera seule. La retraitée demande ensuite comment s'est passée la conversation avec Jake. Bien, il est parvenu à la rassurer. Sandra semble prête à rentrer en Angleterre mais ne veut pas laisser les chiens. D'après sa fille, l'ambassade peut les aider et envoyer d'autres personnes que les gendarmes. Sandra a toujours peur des uniformes.

Quelques minutes plus tard, Sophie annonce à Madeleine que son frère a décidé de rallier la France en voiture. Elle lui demande de ne pas prévenir Sandra. Celle-ci doit continuer à penser qu'elle a le temps.

Au bout d'une heure, Sophie précise que sa mère est désormais au courant de la venue de Jake qui devrait arriver dans la matinée. Elle donne son numéro à Madeleine.

Est-ce que Sophie pense que sa mère rentrera avec Jake ? Peut-être, si les chiens sont mis en sécurité. La copine de Jake connaît des éleveurs en France. Ils pourraient filer un coup de main. Et prendre soin des beagles jusqu'à ce que Sandra puisse les récupérer.

Au bout du fil

Promenades dans les sentiers creusois, cueillette des fruits de saison, lecture d'un bon roman dans la fraîcheur de sa maison... Au bout de trente ans, Helen sait comment profiter d'un été serein en Creuse. Elle est dans sa petite bulle et fait tout pour y rester. Les événements à La Forêt? Elle s'en tient éloignée depuis deux ans. L'appel menaçant de David Hendy l'en a convaincue. Ou plutôt de Robert Hendy-Freegard car elle connaît désormais son identité exacte. Martine Laporte et Véronique lui ont relaté les derniers rebondissements. Pas question de visionner le documentaire de Netflix qui risquerait de la hanter des heures, voire des journées entières. Elle se connaît. Si Helen n'intervient plus dans « l'affaire Freegard », ça ne l'empêche pas d'y réfléchir en se replongeant dans ses souvenirs.

Cette couverture de faux espion lui a rappelé une autre histoire étrange qui s'est déroulée ici même, en Creuse. Au cœur des années 1990, un éleveur anglais d'une commune voisine se targuait déjà, au bar du coin, de détenir une fausse identité et de travailler pour… le MI5. Il se cachait pour échapper à l'IRA. Troublante coïncidence. Helen avait eu écho de ses dires *via* l'un de ses vétérinaires. Le soi-disant espion âgé d'une cinquantaine d'années devait de l'argent à une douzaine d'entre eux. Il avait même été condamné pour maltraitance sur ses bêtes. Il leur donnait à manger les cadavres de leurs congénères. « Une expérience du darwinisme », avait-il indiqué au procès selon un compte rendu publié dans le journal local.

Et ça ne s'arrêtait pas là. Il avait installé dans son jardin un Écossais qui dormait dans une tente et travaillait pour lui. Celui-ci, qui n'était ni payé ni nourri, a fini par se plaindre à la mairie avant de quitter les lieux. Comme Albert ou Harry ?

Helen a naturellement fait le rapprochement mais relève surtout cette tendance à la mythomanie chez certains de ses ex-compatriotes. Pourquoi tous ces Anglais se rêvent-ils espions ? Elle se souvient que, pendant plusieurs décennies, les histoires d'espionnage ont connu un grand succès outre-Manche. Qu'il s'agisse de romans, de séries télévisées ou bien évidemment des films de James Bond. La guerre froide a véhiculé quantité de fantasmes sur le travail des agents secrets, figures d'une élégance virile. Beaucoup d'hommes s'y sont identifiés. Sûrement trop.

Dès son arrivée en Creuse, l'ancienne chasseuse de têtes s'est méfiée de certains membres de la communauté anglaise du département. Elle les trouvait malhonnêtes, arrogants. Ils magouillaient souvent entre eux, travaillaient ou s'employaient sans jamais rien déclarer. Il existait même un bottin de petites annonces dédié. Un terreau favorable à l'arrivée de Robert Hendy-Freegard en 2015? Peut-être. D'ailleurs, comment avait-il pu trouver cette maison délabrée au fin fond du Limousin? Elle ne devait pas figurer en tête des annonces relayées par les agences immobilières anglaises. Quelqu'un l'avait-il aidé? Sans doute. Ces questions restent en suspens pour Helen, soulagée de ne plus être au cœur de l'action et de pouvoir développer ses théories à son rythme. De ce qu'elle a compris, la situation à La Forêt a bien évolué et les enfants ont retrouvé leur mère. Sandra devrait donc bientôt partir. Le prochain coup de fil de Martine Laporte ou de Véronique sera pour lui annoncer cette bonne nouvelle.

Mais, ce lundi 22 août, un autre appel la replonge dans l'affaire. Bien malgré elle.

— C'est David Hendy, annonce une voix masculine au bout du fil.

— Qu'est-ce que vous voulez? Où êtes-vous?

— Je suis en Angleterre. Il faut aller chez moi pour sauver Sandra. Elle est en danger.

— Pourquoi a-t-elle besoin d'être sauvée?

— Elle est sortie. Elle est chez les voisins. Ils vont l'empoisonner!

— Mais vous êtes ridicule!

— Il faut m'aider!

— Il faut téléphoner aux gendarmes si vous avez vraiment peur pour elle.

Helen raccroche, mais il ne la lâche pas. Il rappelle des dizaines de fois. Elle ne décroche pas. Au bout de deux heures qui lui paraissent beaucoup plus longues, Helen saisit enfin son téléphone pour contacter Martine Laporte. L'édile est en congés. Elle essaie les gendarmes qui lui demandent de rappeler le lendemain pour finalement lui dire de ne pas répondre au téléphone. La maire du village, même à distance, se montre plus efficace. Elle est depuis quelques jours dans le sud de la France avec des amis. Difficile cependant de couper avec les événements de La Forêt. Elle prévient Véronique :

— On est mal ! Freegard harcèle Helen par téléphone. Sandra ne lui répond plus. Il pense qu'elle s'est suicidée, lui rapporte l'édile.

À peine a-t-elle raccroché que l'éleveuse se rend sur place pour constater l'état de santé de Sandra. Elle aperçoit l'Anglaise dans son jardin, sans aucun souci apparent. Fausse alerte. Véronique apprend, *via* Madeleine et Michel, la visite des restaurateurs anglais dans l'après-midi. Le lien avec les préoccupations de Freegard est établi : ce sont ses émissaires. Mais autre chose la préoccupe : plus tôt dans la journée, Philippe a reçu un appel de la direction des services vétérinaires souhaitant échanger avec Madeleine et Michel au sujet de la fermeture de l'élevage de chiens. Le couple lorrain a renouvelé ses signalements après les menaces de l'Anglais.

L'évacuation des beagles, condition indispensable pour le départ de leur propriétaire, est enfin d'actualité. De même que l'arrivée de Jake.

Jake

Les nuits sont de plus en plus courtes à La Forêt. Jamais les voisins n'auraient imaginé que le sort d'une étrangère dicterait leur quotidien et leurs humeurs. Véronique se torture l'esprit à son sujet depuis plus de sept ans. Et quand, à de rares occasions, l'éleveuse ne songe pas à l'affaire, elle peut compter sur ses voisins pour l'y replonger.

Il est à peine 7 heures, ce mardi 23 août, quand elle reçoit un appel de Jeannette : « Jake est là. »

Accompagné de Harry, son ami et collègue de travail dans une entreprise d'élagage, le jeune Anglais a parcouru plusieurs centaines de kilomètres dans la nuit pour retrouver sa mère. Les yeux encore embués par le voyage, il descend de la voiture et aperçoit Sandra qui l'attend derrière le portail. Cette fois, elle l'ouvre spontanément pour enlacer son fils. Il a bien grandi mais son visage imberbe est encore celui d'un adolescent. Son physique sec et ses cheveux bruns coupés ras contrastent avec l'allure de bûcheron et la tignasse rousse de son copain Harry, aux premières loges de cette réunion familiale. Tout comme les voisins.

Jake peine à reconnaître en Sandra la mère joyeuse d'autrefois. Qu'importe. Il l'a retrouvée et peut la serrer dans ses bras. Leur dernière rencontre avait eu lieu par écran interposé lors du procès pour l'héritage de la maison de ses grands-parents. *Via* une fiducie, Jake pensait être en mesure de la récupérer et ainsi éviter de la voir tomber entre les mains de Freegard. Peine perdue. En pleine période Covid, Sandra était apparue à l'écran, un chapeau sur la tête et le bas du visage masqué par un foulard. Pour dissimuler ses blessures ? Jake y avait songé. Il est aujourd'hui rassuré de ne pas constater de marques de coup. Et l'épisode judiciaire semble n'avoir laissé aucune amertume ni du côté de la mère ni du côté du fils. Malgré les aboiements infernaux des chiens, ils parviennent à échanger calmement. L'objectif de Jake est clair : il veut ramener sa mère avec lui en Angleterre.

Sandra hésite. Elle pense maintenant que ses voisins sont sous l'influence de Robert Hendy-Freegard. Ils pourraient l'informer si elle faisait quelque chose d'interdit. Soucieux de ne pas la brusquer, son fils décide dans un premier temps de ne pas insister. Exténués par le trajet, les deux jeunes Anglais repartent dormir quelques heures à Châtelus-le-Marcheix avant de revenir en fin de matinée.

Madeleine a signalé aux gendarmes l'altercation avec les deux traiteurs anglais. Ils se présentent à La Forêt dans l'après-midi pour auditionner Sandra mais elle préfère ne pas s'étendre. Encore une fois. En revanche, une longue discussion s'engage entre les Clifton et les militaires. Jamais l'Anglaise ne leur a autant parlé. En présence de son fils, elle semble bien plus éveillée qu'à la normale. Quelque chose s'est débloqué.

La question de l'élevage des chiens est naturellement abordée par les gendarmes. Sandra apprend alors l'existence de l'arrêté préfectoral du 2 juin ordonnant la fermeture. Si elle a bien reçu des courriers, elle n'en a pas compris la teneur, ne maîtrisant pas le français. L'arrêté aurait déjà dû être appliqué. Mise devant le fait accompli, Sandra réfléchit avant de prendre une grande décision : contre toute attente, elle donne son feu vert pour que les chiens partent avec la SPA avant de rejoindre une association caritative en Angleterre. Les voisins entrevoient enfin son départ.

Obstacles

À quelques mètres de son exploitation, Thomas s'octroie une pause bien méritée en discutant avec l'un de ses voisins. Bourreau de travail, le conseiller municipal aime aussi prendre le temps d'échanger avec les autres. Il en apprend toujours quelque chose. La sonnerie de son téléphone interrompt la conversation. Le nom de Martine Laporte s'affiche sur l'écran. Thomas n'ignore pas qu'elle est en vacances dans le sud de la France. Si elle l'appelle, c'est qu'il y a urgence. Il décroche :

— Monte à La Forêt, ça s'agite ! Jake est arrivé et il y a les gendarmes, s'écrie l'édile, très inquiète.

À distance, elle ne peut pas faire grand-chose de plus. L'agriculteur s'excuse auprès de son interlocuteur et file vers sa voiture.

S'il a participé, fin janvier, à la visio WhatsApp entre les enfants Clifton et Martine Laporte, l'adjoint a manqué la venue de Sophie en juillet. Heureusement, Véronique lui en a fait un résumé détaillé à son retour de vacances. Il n'ignore donc rien des derniers événements.

Thomas rallie La Forêt en quelques minutes. Il se présente aux gendarmes et aux jeunes Anglais en qualité de représentant de la municipalité. Le premier contact avec Jake est très chaleureux. Ils sont désormais près d'une dizaine devant le portail de Sandra. Chacun apprend alors que l'évacuation des chiens est imminente. Même si les conditions exactes restent floues. Quand et comment ? Personne ne le sait encore. Après plusieurs heures de conciliabules, les voisins quittent les lieux pour laisser un minimum d'intimité aux Britanniques. Thomas leur emboîte le pas mais prévient les gendarmes :

— De toute façon, je dois revenir demain.

Le lendemain matin, l'agriculteur retourne effectivement au hameau. Il doit vérifier le niveau du réservoir du château d'eau. La sécheresse s'abat sur le département depuis plusieurs semaines. Un contrôle régulier est indispensable afin d'éviter toute pénurie à La Forêt. Inquiète de ce que lui a raconté son mari, Julie demande à l'accompagner :

— Je viens avec toi. Je n'ai jamais vu comment c'était fait là-bas.

Le couple arrive au château d'eau situé dans un petit chemin à cent mètres des premières habitations de La Forêt. Tout semble en ordre. Mais peu avant 11 heures, ils voient Véronique fendre le hameau à vélo pour les rejoindre. « Tu en sais plus par rapport à hier ? » demande-t-elle à Thomas, une fois parvenue à hauteur du couple. Celui-ci secoue la tête pour lui signifier que non. Leurs regards sont alors attirés par une agitation au loin. Plus bas, près de la maison de Sandra. Des portières claquent : les retraités lorrains sont sur le départ. Le trio d'agriculteurs avance à leur rencontre pour connaître les derniers développements.

— Ne vous inquiétez pas. Tout est réglé ! Sandra et les chiens partent demain ! leur annonce Michel avant de prendre la route.

Surpris par une telle accélération, ils observent un moment le véhicule filer dans les lacets de la route boisée. Il serait préférable d'obtenir confirmation auprès des Anglais. Jake et Harry sont dans le jardin. Les Creusois ont à peine le temps d'engager la conversation que le fils Clifton reçoit un appel masqué sur son téléphone. Son interlocuteur raccroche directement. Étrange. Deux minutes plus tard, nouvel appel. Cette fois, il entend une voix dont il aurait souhaité ne jamais se souvenir : « Comment va la France, Jake ? » Dès la première sonnerie, Robert Hendy-Freegard a su où se trouvait Jake. L'escroc le menace de le poursuivre en justice pour harcèlement envers sa mère. Quand le jeune Anglais raccroche, il n'a qu'une crainte : celle de le voir débarquer à toute allure.

Thomas voit tout de suite que Jake est déboussolé. Freegard a atteint sa cible. À l'adjoint de conserver son sang-froid. Et de se concentrer sur une seule chose : l'élevage de chiens. Il appelle une responsable des services vétérinaires pour en connaître davantage sur cette évacuation. La veille, il avait noté dans son carnet de relevés pour les vaches le nom de l'association française désignée pour faire le lien entre la SPA et l'Angleterre. Il s'agit de The Beagle Wildfire, installée à Bétête en Creuse. Premier accroc : les services vétérinaires lui indiquent que ce ne sera pas possible. Cette structure est aussi sous le coup d'une procédure. Il faut donc directement passer par l'Angleterre. Désireux d'aller jusqu'au bout de son initiative et de laisser du répit aux Anglais, Thomas se retrouve face à un mur : il ne manie pas vraiment la langue de Shakespeare. Impossible d'assurer une discussion aussi importante avec un interlocuteur anglo-saxon.

L'agriculteur pense alors à John, son voisin anglais, par ailleurs parfaitement bilingue car sa femme est française. Thomas retourne chez lui et interrompt le costaud quadragénaire en plein télétravail pour son entreprise de marketing. En moins de deux minutes, il lui résume la situation. Tout y passe : les chiens, Sandra, Freegard, Netflix, l'association anglaise de beagles… « Euh… OK, je vois. Je vais essayer », répond l'Anglais. Il n'a pas tout compris mais il veut bien aider. En revanche, l'association est fermée le mercredi…

Thomas repart à La Forêt. Il doit trouver une issue, multiplie les coups de fil toute la journée. Malgré la chaleur accablante, le Creusois ne prend le temps ni de boire ni de manger. Il parvient enfin à récupérer un numéro de la responsable de la SPA pour tout organiser. La structure a une demande : la liste des noms de tous les chiens avec leur identification et leur propriétaire. Cette fois, il faut mettre les Anglais dans la boucle. Thomas se rapproche d'eux et, aidé de Julie et Véronique, leur explique la requête de la SPA. La réponse de Jake n'est pas celle espérée : Sandra a déjà donné les chiens à The Beagle Wildfire en Angleterre. Elle n'en est plus la propriétaire. Le jeune Clifton dévoile en même temps la solution d'une énigme restée jusque-là irrésolue : il y a 29 beagles dans la maison. Même dans ses pronostics les plus fous, aucun voisin n'aurait osé miser sur un tel chiffre. Mais dix, vingt ou trente, leur nombre importe peu aujourd'hui. Il faut les faire partir et, pour cela, parvenir à contacter The Beagle Wildfire.

« Mais j'ai ma copine qui travaille dans l'association, je vais l'appeler ! », indique Jake sous le regard à la fois surpris et soulagé des voisins. Après plusieurs échanges de mails, le feu vert est enfin donné du côté de la SPA et de la direction des services vétérinaires. Sandra comprend que tout va aller très vite maintenant. Elle a besoin d'être convaincue une dernière fois avant de confier temporairement la garde de ses petits animaux. Robert Hendy-Freegard lui a assuré que la SPA les tuait.

À quelques mètres, Véronique s'active auprès des gendarmes venus constater la situation. L'éleveuse se préoccupe de la situation administrative de Sandra. Un dernier détail à ne pas négliger. Il faut lever tout obstacle à son départ.

La garde

Tout le monde peut enfin souffler à La Forêt. Une à une, les barrières sont levées pour préparer au mieux l'évacuation de l'élevage de chiens. Il n'y a plus qu'à attendre l'opération prévue le lendemain. Postés depuis plusieurs heures devant le portail de la maison de Sandra, Thomas et Véronique se décrispent. En l'absence de Martine Laporte, ils ont plus que rempli leur mission. L'atmosphère se détend et de premiers sourires apparaissent. Dans la précipitation, Julie n'avait pas pris le temps de regarder Sandra de près. L'Anglaise est bien différente des photos de Netflix. Mais elle s'y attendait. En revanche, elle n'aurait jamais supporté le bruit et l'odeur des chiens. Comment a-t-elle fait? Comment ont-ils tous fait?

Il manque à Julie un élément pour que le tableau soit complet: Robert Hendy-Freegard. Elle songe à cet Anglais croisé une seule fois au volant de son Audi bleue dans la campagne. L'homme sur qui elle a effectué toutes ces recherches. L'escroc aux multiples marionnettes. La dernière serait donc sous ses yeux : souriante mais toujours du mauvais côté de la barrière. Elle semble rassurée d'avoir trouvé une solution pour ses chiens. Harry discute tranquillement avec elle. Jake est bien plus stressé. Robert Hendy-Freegard occupe ses pensées. Il pourrait débarquer d'une minute à l'autre. Un pressentiment…

Vers 17 heures, Jake est contacté par la voisine anglaise du faux espion qui occupe ponctuellement depuis plusieurs années la propriété que Sandra a héritée de sa mère. Là, il vient de partir. Le visage de Jake se décompose. Près de lui, les voisins ne peuvent que partager son anxiété. Freegard va venir. Mais dans quel but ? Personne n'ose y penser. Thomas interpelle les gendarmes encore présents et leur demande de rester surveiller le hameau.

— Nous ferons quelques rondes dans la nuit, assure l'un des officiers.

Quid d'une protection pour le transfert des chiens prévu le lendemain ?

— Ne vous inquiétez pas, tous les gendarmes de la Creuse sont prévenus de la situation. Il y a juste à composer le 17.

La réponse ne convainc pas Julie. Le gamin, qui caresse doucement l'épaule de sa mère, a l'air effrayé. Il compte pourtant passer la nuit chez Madeleine et Michel qui ont laissé les clefs de leur maison. Harry dormira à l'hôtel où sont toutes leurs affaires. Un dispositif bien trop risqué.

— Thomas, il est hors de question qu'on rentre chez nous, qu'on dorme et qu'on revienne tranquillement demain matin. S'il se passe quelque chose, je m'en voudrai toute ma vie, glisse-t-elle à son mari.

C'est décidé, ils monteront la garde ce soir et s'efforceront de protéger tout ce petit monde de la visite de Robert Hendy-Freegard. Ils se demandent d'ailleurs comment il a été mis au courant de l'évolution de la situation. Peut-être un appel ou un SMS de Sandra... Ils l'ont vue s'écarter plus tôt dans la journée pour manipuler son téléphone.

Avant de quitter le hameau pour s'octroyer une petite pause à leur domicile, Thomas conseille à Jake et Harry, affamés, de commander des pizzas à Soubrebost. Enfin chez eux, l'agriculteur et sa compagne ne perdent pas de temps. Ils mangent et se douchent en vitesse. Quelqu'un toque à la porte. C'est Corinne, la femme de John. Absente lorsque Thomas a sollicité son mari, elle aimerait beaucoup en savoir plus sur les événements de La Forêt. Julie lui fait un résumé express. Ils ne doivent pas tarder. Corinne absorbe tant bien que mal le flot d'informations, elle visionnera le documentaire Netflix dans la soirée. Elle s'excuse de les avoir dérangés avant de prendre congé en leur souhaitant bon courage. « S'il y a besoin d'une aide médicale ou d'une traductrice, je suis là », ajoute-t-elle sur le pas de la porte. En sortant, elle croise les parents de Julie venus garder les filles.

À La Forêt, le couple retrouve Véronique et Philippe qui ont commencé leur tour de guet. L'éleveuse a bien essayé de rameuter d'autres membres du conseil municipal mais aucune nouvelle recrue à signaler. On lui a même répondu assez sèchement : « Il y a des gendarmes pour ça. Ne vous en occupez pas. »

Depuis le Sud, Martine Laporte est informée, en léger différé, des événements par son adjoint. La maire est contre l'idée de monter la garde, mais est bien obligée de s'en remettre à l'appréciation de Thomas.

Au cours de la soirée, les Creusois découvrent une nouvelle Sandra dans une ambiance paradoxalement décontractée. Chacun semble faire abstraction de la menace Freegard. Est-ce délibéré ou inconscient? L'Anglaise se montre en tout cas très spontanée. Elle leur confie même sur un ton mélancolique:

— C'est dommage que je m'en aille. C'est la fin de mon rêve français.

Jake relâche lui aussi un peu la pression et profite de cette tranquillité relative pour se renseigner sur le voisinage. Il est heureux d'échanger avec des amoureux de la nature comme lui. L'Anglais interpelle Philippe:

— Et vous avez un fusil, vous chassez?

— Oui, des *black pigs*! plaisante l'éleveur.

— Oh, c'est aussi ce que je chassais en Angleterre. C'est pour ça que j'étais contente de venir en Creuse pour retrouver la nature, renchérit Sandra qui n'en a jamais dit autant.

Son fils est aussi intrigué par la musculature de Thomas, similaire à celle de son père Mark. Il lui donne même un petit surnom: « *Big little mayor* ». Après moult plaisanteries, la soirée se termine et la parenthèse se referme. Comme le visage de Jake. L'inquiétude reprend le dessus malgré l'assurance d'être protégé par les éleveurs. Il demande s'il est possible de garer un 4 × 4 en travers au cas où Robert Hendy-Freegard déboule.

Mais ils préfèrent se positionner, à cinquante mètres, dans le champ devant la bergerie de Véronique.

— C'est mieux ici, comme ça on voit les voitures qui arrivent d'un côté comme de l'autre.

Les deux couples s'installent chacun dans sa voiture. Thomas est armé d'un manche de masse transformé en batte. Philippe a son fusil à portée de main. Et, finalement, ils seront plus de quatre. Patrick, averti par les agriculteurs, décide de participer à la garde. À sa manière. Toutes les deux heures, il effectue une ronde dans son jardin à l'aide d'une lampe torche. Le secteur est quadrillé.

Tout le monde s'endort sauf la précautionneuse Julie qui a pris de quoi boire et manger. Elle se tient éveillée en surfant sur internet *via* son smartphone. Tout en prenant soin de baisser la luminosité au minimum pour rester discrète dans la nuit creusoise. Vers 1 h 30, les phares d'une voiture éclairent la route de Soubrebost. Le véhicule passe devant Julie puis opère un demi-tour et remonte vers le poste de garde. Elle réveille ses amis et son mari. Ils courent jusqu'à la barrière et se retrouvent face à une voiture de la gendarmerie. Avec deux jeunes brigadiers à son bord : une femme et un homme.

— Ah, c'est donc vous les civils qui montez la garde ? Mais elle est où exactement cette fameuse maison ?

— Sérieusement ? leur crie Véronique. Elle est juste là !

Après un rapide coup d'œil vers la bâtisse, les militaires quittent La Forêt. Chacun remonte dans son véhicule. Fausse alerte.

Corinne

Le soleil ne s'est pas encore levé sur la Creuse. Julie lutte contre la fatigue. Elle se concentre sur les ronflements réguliers de son mari pour échapper au sommeil. Dans le véhicule d'à côté, Philippe dort aussi. Véronique reste attentive au moindre mouvement et il n'y en a quasiment pas. La départementale est déjà très peu fréquentée en journée, alors la nuit... Les deux femmes regardent leur téléphone. Il est environ 5 heures. D'un commun accord, les Creusois planqués se replient chez eux. Robert Hendy-Freegard ne devrait pas arriver de sitôt. Et si jamais c'est le cas, la garde peut compter sur Patrick, toujours très matinal. La menace s'estompe à mesure que le jour se lève.

De retour chez lui, Thomas apprécie le confort de son lit. Il parvient à s'assoupir pendant quelques dizaines de minutes. Mais à 6 h 30 le téléphone le réveille en sursaut. C'est Harry. Le jeune Anglais est affolé. Épuisé et loin d'être bilingue, l'agriculteur ne comprend absolument rien si ce n'est qu'il doit y avoir un problème entre Jake et Sandra. Il prend juste le temps de se passer un coup d'eau sur le visage et de prévenir sa femme. Direction La Forêt dans deux voitures différentes au cas où Thomas ait besoin de repartir pour s'occuper de ses vaches. Leur vie professionnelle ne s'arrête pas même si elle tourne au ralenti depuis quelques jours.

En arrivant devant la maison, ils voient Jake et Philippe tenter de forcer la porte. Quelques minutes plus tôt, Philippe a trouvé le jeune Anglais au téléphone qui hurlait « *Mum, Mum, Mum !* » Le Creusois a tenté de le calmer pour mieux comprendre la situation. Jake lui a expliqué que sa mère avait reçu dans la nuit un appel de Freegard lui affirmant que son fils voulait l'empoisonner et la tuer avec les chiens. En un seul coup de fil, il a réussi à reprendre le contrôle. Comme s'il suffisait de prononcer trois mots. Une formule magique par téléphone. La veille, Sandra n'avait pourtant jamais semblé si heureuse depuis son arrivée en Creuse.

Philippe et Jake parviennent à ouvrir la porte retenue seulement par quatre vis. Le fils Clifton se rue à l'étage pour retrouver sa mère puis plus rien. Personne ne redescend. Tous les chiens aboient. Naturellement. Thomas, Julie, Philippe et Véronique s'impatientent dehors. Alertés, Jeannette et Marc se sont avancés jusqu'au grillage, témoins impuissants de la scène. De longues minutes s'écoulent, laissant présager le pire. Mais ils s'interdisent de rentrer pour ne pas brusquer Sandra. Julie ne peut plus attendre. Elle écrit quelques mots dans Google Traduction sur son téléphone avant de crier en anglais :

— Jake, si tu ne sors pas, nous allons entrer !

Les volets s'ouvrent. Il apparaît à la fenêtre et lève son pouce, signe que tout va bien. La mère et le fils sortent. Sandra n'a pas l'air d'aller si bien. Elle a changé de couleur et de comportement depuis la veille. Son visage est figé et elle tient à peine sur ses jambes. Jake la soutient pour marcher. À plusieurs reprises, elle vomit. Et finit par se rouler par terre. Est-ce le stress du départ ? Ce qu'elle a mangé la veille ? Un médicament ? Son fils veut une réponse.

— Il faut appeler un médecin !

Mais à 7 heures du matin en Creuse, difficile d'en trouver un. Si ce n'est en contactant les pompiers. Or, les voisins se souviennent que Sandra craint les inconnus en uniforme. L'option est écartée.

— Mais on n'a qu'à appeler les gendarmes, comme ils sont censés être au courant et que Sandra les connaît ! propose Véronique.

Julie, paniquée, compose le 17 :

— Gendarmerie de la Creuse bonjour, que puis-je faire pour vous ? lui répond une femme au standard.

— Bonjour, nous sommes à La Forêt-Belleville à Vidaillat. Pouvez-vous nous envoyer une patrouille avec un médecin ? Sandra Clifton n'est pas bien et on a peur que Robert Hendy-Freegard arrive !

— Désolée, Madame, mais je ne comprends rien du tout. Qui êtes-vous ? De quoi me parlez-vous ? Quelle est cette affaire ?

— Sérieusement ? Vous êtes censée être au courant !

— Je suis désolée, Madame, mais je n'ai pas connaissance d'une telle histoire.

— Eh ben on va se débrouiller tout seuls comme on fait depuis le début, embraye Julie avant de raccrocher. Exténuée par une nuit quasi blanche, elle ne peut supporter un tel manque de réactivité.

Son compagnon Thomas prend le relais et appelle les services vétérinaires pour obtenir de l'aide. Là aussi, c'est un échec. La tension monte à mesure qu'ils voient l'état de Sandra se dégrader. Elle se montre aussi de plus en plus agressive envers eux. Leur en veut-elle ? La discussion nocturne avec son compagnon n'y est sans doute pas étrangère. L'Anglaise repousse même Jake, moins Harry, enfin arrivé. Ce dernier tente de lui expliquer que ses voisins souhaitent simplement l'aider. À l'image de Thomas qui renouvelle l'appel auprès des gendarmes pour demander une brigade, mais toujours rien. La mission « sauver Sandra Clifton » est en péril. Il n'est plus question des chiens mais de sa santé. Julie se souvient alors de la proposition de sa voisine Corinne. Il est à peine 8 heures ce jeudi 25 août quand l'éleveuse lui téléphone :

— Corinne, on a besoin de toi. Sandra ne va pas bien du tout ! Il faut que tu nous aides.

Alors qu'elle avance dans le hameau, Corinne craint de se jeter dans la gueule du loup. Si elle n'a visionné que deux épisodes du documentaire Netflix la veille, elle en sait suffisamment pour rester sur ses gardes. Sandra, au plus mal, la regarde entrer dans le jardin. Teint mat, peau lisse, sourire gracieux, le contraste entre les deux femmes est saisissant. Elles se dévisagent quelques secondes pendant que les voisins briefent Corinne. Celle-ci engage la discussion. Grâce à son anglais, sa douceur et des mots bien choisis, la kinésithérapeute parvient progressivement à détendre Sandra. Elle est habituée à travailler avec des personnes en souffrance.

L'Anglaise se confie : elle pense avoir été droguée ou empoisonnée par son fils. Pour Corinne qui lui précise qu'elle travaille dans le domaine médical afin de la rassurer, elle est fatiguée, déshydratée et agitée. Elle prend son pouls, vérifie qu'elle n'a pas de fièvre, constate que ses pupilles sont réactives et de taille normale. Les voisins sont subjugués par l'efficacité de Corinne et surtout soulagés. Sandra reprend peu à peu ses esprits. Assez pour décrocher son téléphone et échanger avec Sophie et Liz sous l'œil de Jake qui ne repartira pas sans elle. Ses effets personnels sont d'ailleurs déjà rangés dans de grands bacs transparents entreposés chez Madeleine et Michel. Ils n'attendent plus qu'une seule chose.

Peu après 9 heures, gendarmes et services vétérinaires débarquent à La Forêt. C'est enfin le moment d'évacuer les chiens.

L'évacuation

Ce jeudi 25 août aux alentours de 7h30, Sophie et Madeleine échangent sur WhatsApp. Sophie, inquiète de ce que lui a raconté son frère, tente d'appeler la gendarmerie sans parvenir à la joindre. Elle ne sait pas si Freegard est là, mais il a réussi à parler à sa mère et à « entrer dans sa tête ». Sophie sait que le contrôle qu'exerce David/Robert sur son cerveau conduit à des troubles psychiatriques. Sa mère devra être suivie, comme Sarah Smith. Madeleine lui donne le numéro d'un gendarme et lui fait suivre un message de Jeannette : Sandra a bien parlé à Freegard mais veut toujours partir. Elle ira sans doute mieux quand les chiens auront été évacués…

Difficile pour la retraitée qui se trouve à plusieurs centaines de kilomètres de La Forêt d'en dire plus. Dans son désarroi, la jeune Anglaise a tenté d'appeler quatre fois Jeannette, qui a fini par lui envoyer un message : « Non, David n'est pas là. Mais ta mère fait un malaise, rien de grave. Jake est avec elle. Il faut la comprendre, c'est sa vie qui vole en éclats. Ne t'inquiète pas, tous les voisins sont là. »

Miss Marple observe tous les événements depuis son enclos. Rien ne lui échappe. Un spot privilégié car, dès leur arrivée, les gendarmes ont rapidement dispersé tout le monde, provoquant un certain agacement. Ils sont là depuis 7 heures tout de même. Seul Thomas, représentant de la mairie, et Corinne sont autorisés à rester au contact des autorités. Les exclus se sont assis le long d'un muret un peu plus loin. En traversant le village, les automobilistes ralentissent, intrigués par le grand nombre de véhicules stationnés le long de la chaussée. L'un d'eux interpelle les voisins : « Dis donc, ça bouge chez vous ! » Puis, un gendarme vient les trouver, tout gêné de leur poser une question : « Euh, est-ce que vous auriez une pince-monseigneur s'il vous plaît ? » Véronique lève les yeux au ciel. Ils ne parviennent pas à ôter le cadenas pour ouvrir complètement le portail de Sandra... Heureusement, Patrick est équipé.

Régulièrement, Thomas les tient informés de l'avancée de l'opération. Vers 9 h 30, l'éleveur les appelle : « Vous n'auriez pas vu les camions de la SPA ? Ils doivent arriver par Vidaillat. » Véronique bondit sur l'occasion d'agir enfin. Elle se renseigne en s'appuyant sur son réseau très développé dans le bourg et apprend que les trois fourgons attendent le signal devant la mairie, soit à plusieurs kilomètres du lieu d'évacuation. L'information est immédiatement transmise à Thomas puis aux autorités qui débloquent la situation. Les véhicules parviennent enfin dans le hameau et se garent le long de la route. Véronique, irritée par cette organisation qu'elle juge bancale, s'avance vers l'une des employées de la SPA :

— Mais vous savez ce qui se passe ici au moins ?

— Non…

— Tapez Robert Hendy-Freegard sur Google. C'est à lui que vous enlevez les chiens.

Son interlocutrice s'exécute. À la lecture des premiers résultats, son visage devient livide. L'éleveuse tourne les talons en secouant la tête. À quelques dizaines de mètres, les négociations s'engagent entre les gendarmes, les services vétérinaires et les Clifton. Sandra connaît bien l'une des militaires, venue lui rendre visite à plusieurs reprises pour évaluer son état. Celle-ci lui présente l'ordre judiciaire pour l'évacuation des chiens. Sandra tergiverse. Il faut l'intervention de Jake pour la convaincre.

Les services vétérinaires sont enfin autorisés à entrer dans son jardin et même dans sa maison. Le téléphone de l'Anglaise sonne sans discontinuer. C'est Freegard. Cette fois, elle ne répond pas, au grand soulagement de son fils. Il est en revanche exaspéré par la lenteur de l'opération. Il faut à tout prix éviter la confrontation avec le faux espion. Personne ne sait de quoi il est capable.

Sandra signe les documents nécessaires devant témoins. Mais, mue par une sorte de réflexe, elle décroche après un nouvel appel de son compagnon, met le haut-parleur et brandit le téléphone en direction des gendarmes. Freegard est furieux et le fait savoir :

— Vous ne pouvez pas enlever ces chiens ! Il faut arrêter !

— Nous devons exécuter cet arrêté préfectoral portant sur la fermeture de l'élevage de chiens, lui retourne calmement un gendarme.

— Non, vous ne pouvez pas. Vous arrêtez ça tout de suite. Je suis à Rouen. J'arrive.

Dernière promenade

John ne peut s'empêcher de penser à sa femme partie à La Forêt pour aider cette mystérieuse Sandra Clifton. Et dire que vingt-quatre heures plus tôt il ne savait rien de cette histoire, n'avait même jamais entendu parler de Robert Hendy-Freegard. Quand Thomas est venu le chercher pour contacter l'association de beagles, il n'a pas voulu lui refuser un service, mais cette affaire de manipulateur lui semblait hautement improbable. Surtout ici, à Vidaillat, où il ne se passe jamais rien.

Le documentaire Netflix qu'il vient de terminer a pourtant corroboré ce que Thomas lui avait raconté. C'est plus simple quand tout est dans l'ordre, plus inquiétant aussi. Il passe un message à Corinne pour prendre la température au village. Sa femme l'assure que tout va bien. Comme elle a pris la voiture, John décide de s'y rendre à pied non sans avoir rempli son sac à dos de bonbons et de gâteaux pour ravitailler les troupes. S'il aime se balader en famille dans la campagne creusoise, il n'en connaît pas encore les moindres recoins. La Forêt ? Il pense savoir où c'est, mais sans certitude.

Pas une mince affaire de traîner son impressionnante carcasse par les sentiers creusois. Sur un terrain de rugby, lui serait plutôt talonneur. Lorsqu'il arrive tant bien que mal au village un peu avant midi, son short légèrement déchiré porte les stigmates de la randonnée. Ce qui fait sourire tout le monde. Il ne peut s'approcher de la maison où se trouve sa femme, mais elle va bien. Les voisins lui font un point sur l'évacuation des chiens. L'opération a démarré mais risque de s'éterniser. Il a bien fait de prendre quelques vivres. En apercevant Sandra dans son jardin, John comprend mieux pourquoi tout tourne au ralenti.

Elle traîne pour sortir ses chiens, les promène dans l'enclos deux par deux pour qu'ils fassent leurs besoins, avant qu'ils ne soient identifiés et chargés dans les camions. Les nerfs à vif, Sandra cherche à contrôler tous les détails. Elle se met à pleurer parce qu'un beagle semble n'avoir pas été bien pris en main. Corinne s'approche pour la rassurer : l'animal est en bonne santé. Il faut compter environ trente minutes pour chaque duo de chiens. Parfois, Sandra oublie de les amener au camion et rentre dans sa bâtisse avec eux. Le tout au ralenti. Ça inquiète le personnel de la SPA. Il fait très chaud et plusieurs beagles patientent dans le camion. Un premier véhicule peut démarrer. Et si Jake et Harry ne peuvent accélérer l'évacuation, ils échangent en parallèle avec les gendarmes sur un autre point sensible : le passeport expiré de Sandra. Elle réside en France en toute illégalité depuis le Brexit.

Le fils Clifton jure qu'ils partiront immédiatement à Paris après avoir évacué les chiens. L'idée étant de rejoindre le consulat d'Angleterre afin d'obtenir un document pour voyager en urgence. Ils ont un autre problème : Robert Hendy-Freegard. Selon les estimations du voisinage, il devrait arriver en milieu d'après-midi s'il était bien à Rouen. Le jeune Britannique cherche à retarder l'Anglais et à l'éloigner le plus possible de Sandra qui s'isole à plusieurs reprises pour répondre au téléphone… Il ne peut pas contrôler les faits et gestes de sa mère. Pourquoi ne s'oppose-t-elle pas à son arrivée ?

Les voisins se savent là pour un moment alors autant se restaurer. Patrick sort une table de jardin où sont disposés eau, pâté, pain et chips. Une petite pause pour tout le monde : les gendarmes et autres intervenants profitent aussi du casse-croûte. John passe un appel à son supérieur pour décaler une réunion. Il a compris qu'il allait devoir se rendre disponible une bonne partie de la journée. Jake et Harry sont rassurés de l'entendre communiquer en anglais, mais inquiets de voir Sandra refuser de manger. En début d'après-midi, le repas improvisé touche à sa fin. Thomas s'éloigne de la table pour appeler son père :

— Papa, est-ce que tu peux aller voir les vaches, s'il te plaît ? J'en ai encore pour un bon moment.

— Pas de problème, je m'en occupe.

— Oh putain, il est là !

L'éleveur raccroche. Au loin se profile une Audi bleue.

Sous contrôle

Le rythme cardiaque de Thomas s'accélère. Il remet rapidement son portable dans sa poche et crie en direction de sa femme :

— Il arrive !

Julie se retourne et aperçoit la voiture de Robert Hendy-Freegard au bout de la route. Instinctivement, elle débarrasse la table et remise le tout sous l'échafaudage de la maison de Madeleine et Michel. Les autres restent immobiles, ne sachant que faire. Le bourdonnement des bavardages a laissé place à un silence pesant. Toujours postée dans son jardin, Jeannette envoie un message à Madeleine qui à son tour prévient Sophie : « *The bad man is arrived.* »

Chez Jake, la tension monte d'un cran. Des années qu'il ne s'est pas trouvé aussi près de l'homme qui lui a pris sa mère. Celle-ci semble redevenue totalement apathique. Mais le jeune Anglais n'a pas besoin d'intervenir. Les gendarmes s'en chargent. Ils arrêtent l'Audi devant la maison et demandent à son conducteur de se garer plus loin, à une cinquantaine de mètres. Au niveau du garage de Pierre-Yves et Patrick. Freegard manœuvre son véhicule pour se positionner dans le sens du départ puis coupe le contact. Plusieurs gendarmes arrivent à sa hauteur. Véronique interpelle les militaires :

— Il faut l'arrêter. Il a menacé le gamin, Jake !

Impossible. Ils n'ont aucun témoin direct de l'appel. Les gendarmes demandent à Corinne de jouer le rôle d'interprète dans leur échange avec Robert Hendy-Freegard. Ils ont pu constater qu'elle maîtrisait parfaitement l'anglais et, comme leur collègue bilingue est déjà occupée avec Sandra, ils n'ont guère d'autre choix. Une lourde responsabilité. Chaque mot traduit pourrait avoir son importance. On lui explique clairement qu'elle n'est pas obligée d'accepter. Son aide faciliterait simplement ce contrôle routier des plus classiques. Si sa grande sensibilité lui joue parfois des tours, Corinne jauge le rapport bénéfice-risque de cette situation plutôt pertinent : aider les gendarmes et en apprendre plus sur l'escroc anglais.

La Française s'approche du bolide bleu. L'homme est naturellement plus vieux qu'à l'écran, mais son comportement correspond bien au portrait dépeint par Netflix. Posé et charmeur. Jusqu'à ce que le gendarme lui demande de présenter ses papiers. Il feint de ne pas les trouver tout en se lançant dans un périlleux exercice de justification minutieusement traduit par Corinne. Elle ressent une légère pointe de panique dans sa voix. Selon lui, dans son pays, il est déconseillé de conduire avec les documents de la voiture et le certificat d'assurance. Il a même vérifié cette information sur le site du gouvernement. Corinne et son mari, domiciliés en Angleterre, ont pourtant toujours voyagé avec ces précieux papiers. Premier mensonge.

Robert Hendy-Freegard tend finalement son permis de conduire et son passeport. Puis un justificatif de test MOT. C'est-à-dire d'un contrôle technique en Angleterre. Or, depuis le Brexit, il faut repasser le contrôle technique français pour faire la carte grise. Sans doute conscient de cette subtilité administrative, l'Anglais montre un site internet sur son téléphone. Suffisant à l'en croire pour attester sa bonne foi. Mais il y a un hic : l'enregistrement de son véhicule ne correspond à aucun nom. Déstabilisé, il tente d'appeler les services de son pays : le numéro est incompatible avec le réseau téléphonique français. Devant ce petit manège, les gendarmes restent impassibles. L'un d'eux informe l'Anglais qu'une capture d'écran d'un site internet ou un appel ne sont pas des justificatifs acceptables. Cette précision ne fait qu'accentuer son irritation. Il leur jette un regard noir et répète en secouant la tête :

— Mais pourquoi vous faites ça ?

— C'est un simple contrôle des papiers, Monsieur, répond laconiquement un gendarme.

L'échange s'éternise sous la chaleur creusoise. Derrière le pare-brise, l'homme s'enfonce davantage dans son siège, tapotant le volant. Corinne reste près de lui, même lorsque les gendarmes prennent une pause. Elle a conscience de la stratégie des forces de l'ordre : gagner du temps pour permettre à tous les chiens d'être évacués et à leur propriétaire de quitter les lieux. Trente minutes après le début du contrôle, un capitaine de gendarmerie de Royère-de-Vassivière est appelé sur place. Ce nouveau temps mort met la patience de Robert Hendy-Freegard à rude épreuve. Il montre des signes de nervosité, élève la voix et critique la traduction de l'interprète d'un jour.

— On n'a pas besoin de ce papier ! On n'a pas besoin de ce papier ! On n'a pas besoin de ce papier ! s'agace l'Anglais.

— Et donc vous voulez que je traduise ça trois fois si j'ai bien compris ? sourit la kinésithérapeute.

Tout à son énervement, il lâche plusieurs phrases en français. Corinne écrit un message sur son smartphone qu'elle tend aux brigadiers : « Ne parlons plus français devant lui, il comprend tout. » Les gendarmes peuvent compter sur sa vigilance. Et son sang-froid. Surtout quand son mari John s'approche pour récupérer les clefs de leur voiture afin de la déplacer. Il ne faudrait pas que le faux espion note la plaque d'immatriculation anglaise. John profite de cette courte interaction pour s'assurer que sa femme va bien. Une fois rassuré, il repart en direction des voisins.

— Je suis vraiment content que ce soit votre mari ! lance Freegard depuis l'intérieur de son véhicule.

Touchée par cette phrase, Corinne tente de garder son calme et de ne pas tomber dans le piège tendu par le manipulateur. Elle ne lui répond pas directement et traduit simplement ses mots aux gendarmes.

— Demandez-lui pourquoi il vous a dit ça, réclame un militaire.

Corinne s'exécute et Freegard s'explique :

— En fait, je pensais que c'était une personne très dangereuse.

Il l'aurait confondu avec Mark Clifton. Les deux hommes ont paraît-il la même carrure. L'ex-mari de Sandra l'aurait violée pendant leur mariage. Une enquête policière serait en cours selon l'une de ses connaissances bien placées en Angleterre. Il détient un mail qui peut le prouver mais refuse de le montrer.

Si, au début du contrôle, il répondait simplement aux questions des gendarmes, le *Puppet Master* devient de plus en plus bavard et multiplie les digressions. Il se confie notamment sur ces derniers jours où il s'est beaucoup inquiété pour sa compagne.

— Elle m'a appelé terrifiée car les voisins avaient un invité, un homme noir. Il fixait Sandra qui avait peur qu'il la tue dans son sommeil.

Une observation réfutée par les autres voisins. L'Anglais poursuit :

— Et lundi, je me suis inquiété car elle ne répondait plus à son téléphone. D'habitude, elle décroche immédiatement. J'ai alors envoyé mes amis Tom et Jane. Tom a le Covid donc il porte un masque en ce moment.

Ses explications décousues s'enchaînent sous le regard des gendarmes :

— Sandra me dit ensuite qu'elle va bien mais se sent droguée et pas elle-même. Alors, je m'inquiète et j'appelle la gendarmerie mais je n'arrive à avoir personne au téléphone.

Seulement quelques minutes plus tard, il affirme le contraire : il aurait finalement eu quelqu'un.

— Attendez, tout à l'heure vous avez dit que vous n'aviez eu personne, rebondit un gendarme.

— Oui, mais en fait j'ai eu un vieux gendarme peu efficace. Je parle aussi à un jeune gendarme par messages qui vient souvent vers ici. Mais il est en vacances alors il m'a dit d'appeler les urgences si besoin.

Il disposerait là encore de multiples éléments pour le prouver. Toujours rien. C'est un monologue. Corinne s'applique à ne manquer aucun mot.

— J'ai mon ami Simon Day, de Carlisle, qui a aussi appelé Sandra ce matin. Il était inquiet car elle n'était pas elle-même mais il n'a pas contacté la police car il savait que j'arrivais. Attendez, je vais l'appeler, poursuit-il.

Il tend son téléphone à Corinne. L'homme au bout du fil confirme ses dires. Mais écoutant son intuition, la Française effectue une recherche rapide sur internet. Simon Day a bien un lien avec Carlisle. C'est un acteur très connu qui se produira bientôt dans cette ville. Une coïncidence ? Difficile de lui accorder le bénéfice du doute. Et elle n'est pas la seule à se préoccuper de la mythomanie de l'Anglais. La jeune gendarme, au fait de la situation de Sandra depuis plusieurs années, lui pose à son tour une question. Sans détour.

— Comment pouvez-vous laisser vivre votre femme dans de telles conditions ?

Nullement déstabilisé, Robert Hendy-Freegard livre un discours très argumenté. Comme s'il l'avait préparé depuis bien longtemps :

— J'ai d'énormes contraintes financières et je ne peux pas payer les réparations pour le toit effondré, le chauffage, l'eau chaude ou les sanitaires car nous avons eu à payer des frais juridiques à cause du procès. Environ 40 000 livres après que Jake a essayé de voler l'héritage des parents de Sandra. Et ma voiture ne vaut pas tant que ça. J'ai seulement réussi à me procurer des pneus neufs grâce à un ami.

Pour montrer qu'il prend bien soin de sa compagne, il l'appelle régulièrement au cours du contrôle, toujours en haut-parleur. Sans aucune pudeur devant les hommes et la femme en bleu. Le ton est mielleux, l'échange sans intérêt. Ou presque.

— Ma chérie, je m'inquiète pour toi. Viens me voir. Je suis juste là.

Corinne comprend le message et réagit très rapidement. Elle envoie un texto à son mari :

— Je ne sais pas ce qu'il se passe mais il lui dit de venir. Arrête-la tout de suite.

John, qui n'a pas lâché son portable, lit le texto dans la seconde. Il lève la tête et voit Sandra changer brusquement de comportement. À la manière d'un robot qui reçoit un ordre. Elle se redresse, quitte son jardin et commence à courir en direction de l'Audi bleue. La gendarme, revenue près du voisinage, s'interpose.

— Il faut que j'y aille. Il m'a appelée. Vous ne pouvez pas m'empêcher d'y aller ! hurle l'Anglaise.

Les témoins de la scène sont troublés de voir l'attitude de Sandra changer du tout au tout. Ils l'entourent pour la rassurer mais le mal est fait : elle est de nouveau très stressée. Le départ des beagles est imminent. Tous les chiens sont évacués et les fourgons quittent le hameau aux alentours de 16 heures. La responsable de la SPA craint que Robert Hendy-Freegard ne les suive car les véhicules manœuvrent devant lui mais il les regarde partir sans broncher.

Quelques affaires de Sandra et des vivres sont déjà chargés dans la voiture de Harry. Ne reste qu'à prendre la route. Par précaution, les voisins ont dissimulé son numéro de plaque à l'aide de chiffons. C'est l'heure des au revoir. Les plus émus sont les Anglais. Jake tente de résister à l'angoisse qui l'étreint. Il a échangé par téléphone avec le consulat d'Angleterre pour placer sa mère sous la protection des autorités compétentes. Car une fois l'opération d'évacuation des chiens terminée, les gendarmes partiront. Ils ne doivent pas traîner. Sandra prend conscience de l'imminence du départ. Avec une sérénité retrouvée, elle téléphone à son compagnon.

— Je suis prête à partir. C'est notre dernier appel. Je vais enlever la puce de mon téléphone. C'est mieux pour notre sécurité. C'est mieux pour notre sécurité, répète-t-elle.

Elle raccroche et son fils se sert de la boucle d'oreille de Julie pour ôter la carte SIM de son smartphone. Corinne, aux premières loges, ressent toute la tension dans cet échange qui ressemble à un adieu. Elle note la réaction du faux espion. Sa marionnette s'échappe sous ses yeux. Il est sonné.

Les gendarmes le ramènent à une autre réalité bien concrète. Ils lui demandent de les suivre à la caserne de Bourganeuf afin de vérifier que le véhicule lui appartient bien. Cette voiture qui est sa bulle. Sa protection vis-à-vis du monde extérieur. La dernière chose qui lui appartienne désormais. Sans doute une cachette parfaite pour d'éventuels documents qu'il n'aimerait pas voir tomber entre les mains des autorités. La traduction est faite mais l'Anglais comprend qu'il doit les accompagner tout en conduisant sa voiture.

— Non, non, vous sortez de la voiture et vous partez avec eux, lui explique Corinne.

Une jeune gendarme enfile ses gants pour ouvrir la portière. Robert Hendy-Freegard ne lui laisse pas le temps de l'atteindre.

L'incident

« C'est bon, vous pouvez partir sereinement maintenant que… » Julie discute avec Jake et Harry quand elle entend derrière elle des pneus crisser sur les gravillons. L'éleveuse se retourne : l'Audi bleue démarre en trombe. Le véhicule projette la jeune gendarme sur le côté et file en direction de Sandra. Le capitaine de gendarmerie se place en travers de la route pour stopper la course. Il est percuté. Sa tête heurte le pare-brise avant qu'il ne retombe de la voiture trente mètres plus loin. Il crie : « Gendarmes à terre !!! »

Pétrifiée, Julie voit le danger s'approcher à toute allure. Son corps ne répond plus. Resté à côté d'elle, Philippe la pousse contre le grillage derrière le 4 × 4 de Harry pour la protéger. Tous regardent l'Audi passer à seulement quelques mètres d'eux. Robert Hendy-Freegard ne jette pas un dernier regard en direction de sa maison. Il doit sortir la tête de l'autre côté pour distinguer la route : le pare-brise est très endommagé côté conducteur. Il manque même d'emboutir une voiture en sortant du village par la route du Mas Moutard. En face, le conducteur creusois ne l'évite qu'en se rabattant dans le fossé.

Jake, pris d'une montée d'adrénaline, tente de le poursuivre à pied. Thomas rattrape le jeune Anglais et parvient à le calmer. Julie reprend ses esprits et s'avance vers sa voiture pour le prendre en filature. Elle ouvre la portière avant de se raviser. Corinne, elle, court vers la maison de Sandra, John vient à sa rencontre. Abasourdis, Jeannette et Marc ont suivi toute la scène depuis chez eux. Patrick s'approche des blessés. À ses côtés, Véronique est dans tous ses états. Furieuse, elle crie en direction des autorités :

— Je vous l'avais dit qu'il y aurait une catastrophe !

Sur la route, le capitaine de gendarmerie est rapidement parvenu à se remettre debout. Le nez en sang, il constate les blessures de sa collègue au sol avant d'aller s'asseoir dans sa voiture. Et de hurler de colère dans sa radio :

— Tentative d'homicide sur personne dépositaire de l'autorité publique. Il faut déclencher le plan épervier ! Le véhicule est parti en direction de Vidaillat !

Véronique le reprend avec virulence :

— Mais non ! Il est parti direction Soubrebost !!!

Les autres gendarmes sont tétanisés. Jamais ils n'auraient pensé qu'un simple transfert de chiens s'achève de cette façon. Patrick se rue chez lui pour récupérer coton, alcool, pansements et serviettes. Il faut soigner les blessés. Corinne s'en charge. Avec le kit de secours de sa voiture, elle nettoie et panse d'abord les plaies de la gendarme au niveau des jambes et des bras. Vient le tour du capitaine. Lui est plus réticent mais se laisse finalement convaincre quand Corinne lui raconte son passé de kinésithérapeute d'une équipe de rugby. Premier diagnostic : il souffre d'une fracture ouverte du nez. Véronique cherche elle aussi à aider par tous les moyens. En remontant dans le village, elle croise une infirmière libérale qui a l'habitude de faire des tournées dans le coin. Elle la mobilise illico. Tous les premiers soins sont apportés aux gendarmes.

À l'écart, Sandra semble déjà loin. Presque apaisée. Un léger sourire flotte sur ses lèvres. Assise sur le rebord du coffre du 4 × 4 de Harry, elle s'enfile tranquillement deux paquets de chips. Alors que toute La Forêt est en ébullition. Se réjouit-elle de l'incident ? Un peu sans doute, malgré les blessures infligées aux gendarmes. Robert Hendy-Freegard a franchi le point de non-retour. Le déclic qu'elle attendait depuis si longtemps. La fuite de l'Audi bleue marque déjà le début d'un nouveau chapitre de sa vie. Son compagnon ne devrait plus se soucier d'elle de sitôt. Il est désormais le problème des autorités. Plus le sien.

En seulement quelques dizaines de minutes, plusieurs véhicules de gendarmerie et de pompiers rappliquent. La route est fermée. Impossible d'accéder à La Forêt. La police judiciaire de Limoges a tout balisé, donnant des airs de série américaine au petit hameau. Le bourg de Vidaillat est lui aussi en pleine effervescence. Que se passe-t-il plus loin ? Personne ne le sait vraiment.

Les auditions des voisins débutent. Certains sont

encore sous le choc, leurs propos confus. La chronologie, le nombre de témoins, les scènes, tout y passe. Chaque interrogatoire prend plus d'une heure. Retenue par son audition, Julie manque les adieux avec Sandra, Jake et Harry, escortés en fin d'après-midi jusqu'à la brigade de gendarmerie de Pontarion. Les Anglais se sont recentrés sur eux-mêmes après l'incident. Jake et Harry oscillent entre soulagement et angoisse. Robert Hendy-Freegard n'est plus là, certes, mais où est-il ? La priorité reste d'exfiltrer Sandra. Ils sont déjà tournés vers l'Angleterre et seront bientôt rejoints par un autre membre de leur famille.

Cousines

À plusieurs dizaines de kilomètres de La Forêt, Léon vient de quitter Limoges. Avec dans sa voiture la cousine de Sandra qu'il est parti récupérer à l'aéroport. Un peu plus tôt dans la journée, Jake l'a appelée pour lui demander de prendre l'avion jusqu'à Limoges. Il estimait que sa présence faciliterait le départ de sa mère. Mais qui se chargerait de la récupérer, l'aéroport étant à plus d'une heure de Vidaillat et tous les voisins bien mobilisés ? Après une courte réflexion, Philippe a trouvé une solution :

— Il faut demander à Léon et Geneviève.

Devant son ordinateur, Léon suivait les événements à distance *via* les messages de Véronique. Jusqu'à son coup de fil.

— Bonjour Léon, vous êtes à Limoges ?

— Oui.

— Il faut nous rendre un service. Ils sont en train d'évacuer l'Anglaise et ses chiens depuis ce matin. C'est le bordel. Elle ne veut partir que si sa cousine vient.

— Oui d'accord et alors ?

— Il faudrait aller la chercher à l'aéroport. Elle arrive à 18 h 30.

— Oui, mais j'en fais quoi après ?

— Tu la mets dans un taxi ou dans un bus.

— Ça va coûter une fortune. On comptait venir à La Forêt à partir de samedi. Tant pis, ce sera aujourd'hui.

Léon a noté le numéro de vol et le nom de la cousine qu'il a inscrit sur une pancarte pour ne pas la rater à l'aéroport. L'avion ayant du retard, le Limousin est rentré patienter à son domicile pour revenir avec sa femme vers 20 heures. Il l'a tout de suite reconnue. Une femme au style typiquement britannique, comme l'avait décrite le voisinage. Une fois les présentations faites dans le hall de l'aéroport, ils sont entrés dans le vif du sujet :

— Vous savez, Sandra, c'est une très gentille femme qui n'a pas eu de chance de tomber sur cet homme…, leur a expliqué l'Anglaise.

Elle s'est installée dans la voiture du couple et a communiqué par téléphone avec Jake pendant une bonne partie du trajet. Il lui a raconté tout ce qui venait de se passer à Vidaillat. Liz regrettait de ne pas être avec lui. Elle aurait peut-être pu empêcher Sandra de contacter Robert Hendy-Freegard : il ne serait jamais venu et les gendarmes n'auraient pas été blessés. Léon, lui, était déjà au courant de l'incident survenu à La Forêt. Pendant qu'il attendait dans l'aéroport, il avait reçu un coup de fil de René, l'ancien propriétaire de la maison achetée par le couple d'Anglais, tout chamboulé par ce qu'il venait d'apprendre :

— Oh, la la ! Qu'est-ce que je regrette d'avoir vendu à ces gens. C'est notre faute s'il s'est passé tout ça aujourd'hui !

Le mirador de La Forêt s'attendait malheureusement à un tel dénouement. Quelques jours plus tôt, il répétait à ses amis : « Cette histoire va mal finir ! » Et il ne s'était pas trompé.

En cours de route, Léon est prévenu d'un changement d'itinéraire pour la cousine : direction la gendarmerie de Pontarion. Inutile d'aller à La Forêt. Il n'y a plus d'Anglais dans le hameau. Dans la voiture, Liz se sent à son aise avec Léon et Germaine. Assez pour se confier à eux :

— Quand Sandra a rencontré Freegard, c'était merveilleux. Puis, la situation s'est détériorée. Toute la famille pensait même qu'elle était morte. Sa mère est partie sans l'avoir revue, sans même savoir ce qu'elle était devenue.

Mais ils n'auront pas le loisir d'en savoir plus. Les voici arrivés à Pontarion. Jake et Harry les accueillent et remercient chaleureusement le couple. Sandra est en cours d'audition dans la caserne de gendarmerie. Les quatre Anglais sont ensuite escortés jusqu'à un hôtel d'Orléans, morts de peur car l'homme qu'ils redoutent tant pourrait être à leurs trousses. La nuit sera longue. Le lendemain, ils doivent se rendre au consulat d'Angleterre à Paris pour récupérer les justificatifs dont ils ont besoin pour passer la frontière avec Sandra. Elle est dans un piteux état. Liz ne sait pas si sa cousine s'en remettra un jour. Elle sera désormais auprès d'elle pour l'aider. Reste à savoir comment.

Sur le chemin du retour pour enfin rentrer à Vidaillat, Léon gamberge lui aussi. Et ce n'est pas Sandra qui occupe ses pensées. Robert Hendy-Freegard est toujours dans la nature. Mais où ? Pour le retraité, il n'y a pas trente-six solutions, comme il l'explique à sa femme :

— Soit il a une planque pas loin. Soit il va essayer de repartir en Angleterre *via* un ferry clandestin. Et pour ça, il faudra qu'il aille en Europe du Nord, sans doute jusqu'aux Pays-Bas en passant par la Belgique.

En cavale

Il est 19 heures à La Forêt. Les gendarmes fourmillent encore dans le hameau. Ils entendent une voiture arriver par le chemin où Robert Hendy-Freegard s'est garé. Un véhicule bleu s'extirpe du dernier virage. Les militaires sont sur leurs gardes. Mais, une fois la voiture parvenue à leur hauteur, leurs soupçons se dissipent. Il s'agit de Pierre-Yves qui arrive de Rouen, comme le faux espion quelques heures plus tôt. Patrick et Philippe lui ont conseillé d'emprunter ce chemin afin d'éviter les barrages de la gendarmerie.

Si son compagnon l'a prévenu de l'important dispositif déployé, le retraité n'est pas moins étonné de toute cette agitation. Son petit coin si tranquille de Creuse s'est transformé en scène post-apocalyptique. Des véhicules garés n'importe où, des uniformes éparpillés un peu partout, des voisins sous le choc. La Forêt a bien changé. PYB peut compter sur Patrick pour tout lui raconter dans les moindres détails. Comme d'autres témoins de l'incident, ils se ressourcent chez eux, dans le calme. Chacun se remet de ses émotions à sa manière.

La famille Clifton en sécurité et l'escroc anglais en fuite, les habitants de Vidaillat se pensent enfin tirés d'affaire. John, Corinne, Thomas et Julie se réunissent et s'offrent quelques verres de rosé chez les éleveurs. Sans modération. Objectif : faire redescendre la tension sans évidemment célébrer cette journée endeuillée par les blessures des gendarmes. Sur ce point, Thomas est d'ailleurs particulièrement agacé par le tweet du ministre de l'Intérieur Gérald Darmanin. Dès 19 h 12, le premier policier de France écrit sur son compte Twitter : « Plein soutien aux deux gendarmes blessés, dont un est toujours hospitalisé, à la suite d'un refus d'obtempérer cet après-midi dans la Creuse. »

— C'est faux ! Ce n'est pas un refus d'obtempérer ! Freegard a montré ses papiers pendant une heure, s'énerve l'agriculteur, légèrement éméché.

Il ne décolère pas. D'autant que cette confusion est rapidement reprise dans les médias locaux. Lesquels se précipitent dans la soirée pour joindre Martine Laporte toujours en vacances. À de multiples reprises, l'édile a bien été avertie par son adjoint de la progression de l'évacuation des chiens puis de l'incident. Mais difficile d'appréhender cette crise inédite à distance. Depuis le sud de la France, elle tente de gérer le début de ce tourbillon médiatique. Ce n'est rien à côté de la tempête qui l'attend. L'élue, si discrète par le passé, révèle à la presse l'identité de l'homme suspecté : « C'est un Anglais très connu de la justice britannique. Il y a même eu sa série Netflix. Vous n'avez qu'à chercher Robert Hendy-Freegard sur internet, vous verrez. »

Dès 10 heures le lendemain, l'Agence France-Presse relaie l'information. Le banal fait divers creusois prend une résonance nationale et internationale. Notamment outre-Manche où Robert Hendy-Freegard est célèbre malgré lui. Plusieurs rédactions envoient des journalistes à La Forêt pour réaliser des duplex. Quand Philippe les croise, il ne leur répond pas mais ne peut s'empêcher de sourire. Quelques mois auparavant, l'éleveur avait dit à sa sœur :

— Tu verras, un jour, on aura BFM à La Forêt !

Il est d'autant plus détendu qu'il peut facilement décliner toute sollicitation en se repliant dans sa bergerie avec Véronique. Ils estiment en savoir beaucoup trop et choisissent de rester muets. C'est plus délicat pour Thomas. En l'absence de Martine Laporte, l'adjoint se retrouve en première ligne pour s'occuper des médias, même s'il ne veut pas s'exprimer ouvertement, par peur de subir les représailles du Britannique qui ne rôde peut-être pas très loin. Pendant plusieurs jours, l'agriculteur fermera sa maison à clef pour protéger ses enfants. Son voisin John, en pro de la communication, parvient de son côté à tout verrouiller. Il s'amuse même des appels de ses amis de San Francisco étonnés de voir Vidaillat mentionnée dans plusieurs articles aux États-Unis.

D'autres ne refusent pas ce coup de projecteur international placé sur La Forêt. Jeannette et Marc se prêtent ainsi facilement à l'exercice de l'interview, sans réellement entrer dans les détails ou exagérant parfois sous le coup de l'émotion. Beaucoup de portes restent closes dans le hameau, sauf aux gendarmes pour qu'ils puissent faire leur travail. Ceux-ci multiplient les rondes durant plusieurs jours au cas où Robert Hendy-Freegard reviendrait. Pas suffisant pour rassurer tout le monde : Helen, mise au vent de la menace, a glissé un tournevis dans son sac banane. Au cas où…

La tension a du mal à retomber. Les voisins aimeraient tourner la page mais les autorités ont encore besoin d'eux. À l'instar de Véronique, mobilisée le vendredi matin, en l'absence de Thomas auditionné, pour assister à une perquisition de deux heures dans la maison des Anglais. Personne ne regrette de porter un masque pour se protéger de l'odeur prégnante des chiens. Il n'y a que très peu d'effets personnels, mais plusieurs téléphones portables avec des cartes prépayées. Appartiennent-ils à des victimes cachées dans d'autres maisons ?

Au début des années 2000, le FBI avait découvert de précieux indices dans la chambre d'hôtel en Haute-Savoie : objets de marque, passeports, lettres, cartes de crédit d'autres femmes. L'une d'elles n'a été retrouvée qu'un an plus tard dans un hôtel, couverte de plaies. Il y avait aussi des affaires d'une Brésilienne qui n'a jamais été localisée. D'autres femmes qui ont croisé la route de Robert Hendy-Freegard seraient toujours portées disparues. Véronique repense à ces éléments relatés dans le documentaire Netflix qui lui font froid dans le dos. L'opération terminée, les clefs de la maison sont confiées à l'éleveuse qui, par crainte, ne souhaite pas les conserver et les dépose à la mairie. Où l'un des adjoints s'excuse auprès d'elle :

— Tu avais raison Véronique…

Une petite victoire, même si elle aurait préféré ne pas devoir en arriver là pour gagner la confiance de l'équipe municipale. Parmi les adjoints, seul Thomas l'a aidée dans sa mission. Elle lui transmet naturellement le relais dès son retour de l'audition. Et l'éleveur n'a pas un moment de répit. Le vendredi soir, il est appelé par une responsable de la SPA qui lui fait un point alarmant sur l'élevage. Plusieurs chiens sont en train de mourir. Deux n'ont pas survécu. Ils auraient été empoisonnés et présentent des traces de maltraitance. Tous obèses en raison d'un manque d'exercice. Certains souffrent d'escarres liées à l'inconfort de leur captivité et d'un cruel manque d'hygiène : les beagles font leurs besoins sur eux-mêmes ou dans leurs panières. À cela s'ajoutent des difficultés à marcher dans les hautes herbes. Certains points d'appui n'ont plus de peau car ils étaient couchés en permanence. Et plusieurs bêtes présentent des signes de consanguinité. Sans oublier les tatouages et papiers finalement faux, mais très bien exécutés. Qui a bien pu les faire ? Ce n'est pas la préoccupation principale de la SPA qui accueille vingt-sept beagles d'un coup en plus de ses quarante pensionnaires habituels.

— J'ai même été obligée d'engager des vigiles avec la médiatisation de l'affaire. Je n'ai jamais vu ça ! conclut la responsable.

En se couchant, Thomas se demande bien ce que lui réserve le lendemain. La situation est irrespirable. Il lui est devenu impossible d'abandonner plus longtemps son élevage. Avec le retour de Martine Laporte le samedi, l'adjoint peut enfin relâcher la pression. La maire prend rapidement en charge les médias happés par La Forêt. Et intervient dans plusieurs échanges avec la préfecture. Ça la change de la vache qui saute dans le pré du voisin.

Cette fois, le nom de Vidaillat a fait le tour du monde. Depuis la Normandie, sa famille lui envoie des messages pour lui faire part de son inquiétude. Mais elle ne craint pas le retour du « marionnettiste ». Certains voisins non plus. Ils se soucient surtout de l'état de santé de Sandra. À commencer par Madeleine et Michel. Ils sont enfin de retour dans le hameau, affolés par la tournure des événements. À leur arrivée, les retraités tombent sur les affaires de Sandra entreposés dans leur maison. *Via* WhatsApp, Madeleine demande à Sophie ce qu'elle doit en faire et en profite pour prendre des nouvelles. Sandra n'a pas encore son passeport mais la procédure avance. Liz a pris les choses en main pendant que Jake se remet doucement des événements de La Forêt. Sophie sait que sa mère a demandé que les vivres dont elle disposait aillent aux habitants du quartier et que la nourriture pour chiens soit utilisée. Madeleine propose de lui envoyer les affaires qui se trouvent chez eux et de demander à Sandra ce qu'elle souhaite récupérer dans la maison une fois que les gendarmes enlèveront les scellés.

La Lorraine n'est pas la seule à correspondre avec Sophie. Jeannette cherche aussi à en savoir plus sur le retour de la famille en Angleterre et continue de tenir informée la jeune femme du moindre mouvement autour de la maison de sa mère, notamment de la perquisition. Ce lien de confiance lui permet d'obtenir ce qu'elle cherche : être rassurée. Elle apprend que l'autorisation de voyager a été accordée. Sandra retrouvera bientôt l'Angleterre, c'est une question d'heures. Elle est de bonne humeur et a même réclamé des crèmes glacées ! Sophie tient à leur dire à nouveau sa reconnaissance et celle de son frère pour tout le soutien qu'ils leur ont apporté. Jake a mesuré combien Jeannette s'était attachée à leur mère au fil des années. La gorge nouée, la retraitée termine la conversation en espérant que Sandra coulera désormais des jours heureux, entourée de sa famille.

La gratitude n'est pas franchement de mise lors des échanges entre les gendarmes et la municipalité. À l'occasion d'une réunion de crise organisée le dimanche, le colonel de gendarmerie demande à Martine Laporte de moins communiquer sur l'affaire. Un comble pour l'édile ! Elle ne se gêne pas pour leur dire combien elle regrette de ne pas avoir été suffisamment entendue depuis toutes ces années. À défaut d'excuse, la maire obtient au moins une information : Robert Hendy-Freegard a été repéré en France.

De quoi réveiller l'âme d'enquêteur des voisins. Où s'est-il dirigé après avoir quitté le village ? Royère-de-Vassivière ? Bourganeuf ? Pontarion ? Il aurait été aperçu à Aubusson, à quelques dizaines de kilomètres de Vidaillat. Certains misent sur une planque dans un sous-bois ou chez des complices. Et d'ailleurs, pourquoi s'est-il enfui ainsi sur un coup de tête ? C'est le nouveau sujet de discussion au village. Chacun a sa théorie :

— Je pense qu'il avait préparé cette cavale depuis un moment, il a senti l'étau se resserrer, estime Véronique.

— Il avait sans doute des choses à se reprocher… Il a paniqué… Il n'avait pas envie de retourner en prison… Peut-être qu'il avait aussi d'autres choses dans la voiture auxquelles il tenait et qu'il voulait cacher… Il n'a laissé que des vieux téléphones dans la maison… Sa voiture était pleine de cartons, croit savoir Jeannette.

Corinne mise sur un coup de chaud après plus d'une heure passée dans la voiture. Patrick opte pour une planque en Suisse, non loin de sa cachette du début des années 2000. Mais, à ce petit jeu des pronostics, c'est bien Léon qui l'emporte finalement.

Au matin du 3 septembre, le mirador retrouve un peu de son train-train quotidien et allume machinalement la télévision pour regarder les informations. Occupé dans la pièce d'à côté, il entend le nom qui a obnubilé ses journées et ses nuits pendant plusieurs années et se précipite devant le poste. L'écran affiche le visage de l'Anglais.

— Robert Hendy-Freegard, faux espion anglais et star d'une série documentaire Netflix, qui avait renversé deux gendarmes dans la Creuse, a été arrêté hier en Belgique, annonce la journaliste.

Dans l'après-midi du 2 septembre, soit exactement huit jours après le début de sa cavale, Robert Hendy-Freegard a été interpellé par une patrouille de police sur l'A10 à l'ouest de Bruxelles. Sous le coup d'un mandat d'arrêt européen, il était au volant de son Audi bleue localisée par une caméra de reconnaissance des plaques d'immatriculation. Il n'a montré aucune résistance. Léon prend connaissance de chaque détail et ne peut s'empêcher d'éprouver une certaine fierté.

— Ah bah, les gendarmes français l'ont loupé, tiens ! Mais j'avais raison, il partait pour prendre un ferry clandestin et il a voulu passer par la Belgique ! lance-t-il à sa femme après avoir regardé l'intégralité du flash.

Holmes et Watson

— C'est bon, tu as tout pris ?

Les mains sur les hanches, devant le coffre débordant de bagages, Marc relance à nouveau sa compagne. Le couple est sur le départ. Direction les vacances, histoire de se reposer enfin après cet été rocambolesque. Les retraités avaient même attrapé le Covid au début du mois d'août : finalement pas grand-chose comparé à ce qui les attendait. Miss Marple peine encore à trouver les bons mots pour expliquer son soulagement. Elle mélange les dates et les événements lorsqu'elle relate l'histoire à ses amis ou aux rares journalistes encore sur l'affaire. Marc, lui, en a un peu ras-le-bol du tintamarre médiatique. Pourtant, ça l'a fait sourire de se voir sur plusieurs chaînes de télévision.

Avant de partir, ils ne refusent pas une dernière soirée barbecue-rosé avec Madeleine et Michel restés en Creuse pour finir les travaux de leur maison et la transformer en résidence plus que secondaire. Retour de l'insouciance et des petits plaisirs de la vie, même s'il est difficile de passer aussi vite à autre chose tant Robert Hendy-Freegard a bouleversé leur vie. Naturellement, le sujet revient sur la table.

— Il a quand même complètement disjoncté ! balance Madeleine.

— Il faudrait qu'on creuse pour savoir ce qu'il a fait pendant ces huit jours. Il en a peut-être passé quatre ou cinq pas loin de chez nous, qui sait ? enchaîne Michel, décidé malgré tout à en savoir plus sur cette cavale.

Mère Teresa l'écoute d'une oreille distraite. Elle est plongée dans son téléphone portable pour relire les précieux messages échangés avec Sophie qui lui donne des nouvelles de sa mère. Leur petit-fils Victor en a également : il joue de temps en temps avec la jeune Anglaise au jeu vidéo Minecraft.

Leur ancienne voisine a d'abord été placée dans une « maison sécurisée » avec Liz avant d'habiter plusieurs semaines chez sa cousine. Hors de question qu'elle reste seule. Si elle est régulièrement accompagnée par des psys, elle n'a en revanche jamais été hospitalisée.

L'Anglaise a pu récupérer sa maison de famille. Cette bâtisse en briques se situe au cœur d'un lotissement à Wokingham dans le Berkshire. Au sud-ouest de Londres, près de l'aéroport d'Heathrow où le *Puppet Master* avait été piégé en 2003… Pour occuper ses journées et son esprit, elle tente de la remettre en état. À l'intérieur, les murs ont jauni, sans doute à cause de la fumée de cigarette. Robert Hendy-Freegard avait tout calfeutré pour en faire sa tanière. Seules les marques laissées par les meubles revendus depuis longtemps permettent de deviner que la maison a un jour été occupée. Habitée.

Le quotidien de l'ancienne recluse se résume paradoxalement à lessiver et nettoyer. Sophie et Jake habitent tout près. Ils ne restent jamais bien loin de leur mère qui doit également gérer plusieurs détails administratifs comme la demande d'allocations ou bien toutes les contraventions laissées par l'escroc. Son rapport avec le téléphone demeure délicat. Alors, elle répond rarement aux SMS ou aux appels, même de ses proches. Encore moins aux sollicitations venues de Creuse. Là où elle possède toujours une maison. Les Clifton ne comptent pas y revenir de sitôt. Seul Jake évoque parfois son envie de se mettre au vert dans ce petit coin de France qu'il a beaucoup apprécié.

Il serait accueilli chaleureusement dans ce hameau redevenu bien calme. Où chacun profite des plaisirs de la campagne retrouvés. Les habitants se croisent avec le sentiment du devoir accompli. Un fier sourire a chassé leur mine d'espion. Même Véronique est plus détendue, même si elle en veut encore aux autorités ne pas avoir agi plus tôt. Le drame a été évité de justesse. Le souvenir de la fuite reste gravé dans sa mémoire. Heureusement, son travail lui change les idées. Elle peut se consacrer pleinement à son élevage, désormais le seul à La Forêt. Celui des beagles est devenu le problème de la SPA.

En ce début octobre, l'antenne creusoise n'a plus aucune nouvelle de l'association anglaise censée récupérer l'élevage et doit donc s'occuper des vingt-sept chiens. Une charge considérable pour la petite structure déjà en difficulté financière. Finalement, les petits animaux seront bien transférés quelques semaines plus tard. Seuls deux d'entre eux, trop vieux pour le voyage, resteront en Creuse.

Léon et Germaine sont bien loin des soucis causés par les canidés. Ils se plaisent désormais à revenir plus régulièrement dans cette campagne silencieuse.

— Tu entends quelque chose ? glisse le retraité à sa compagne.

— Non, rien.

— Eh oui, ça fait du bien un peu de calme !

Les chiens n'aboient plus à La Forêt. Et le mirador se souvient que deux d'entre eux s'appelaient Holmes et Watson. Ça le ferait presque rire quand il y repense. Le premier était même le préféré de Sandra. Son champion. Dans les médias, Léon guette les suites de l'affaire. Il ne manque pas un seul article. Au lendemain de son arrestation, le Britannique a comparu devant le juge d'instruction de Hal-Vilvorde. Multipliant les recours pour contester son extradition, notamment devant la Cour de cassation belge. Un dernier baroud d'honneur qui ne retarde son retour en France que de quelques semaines.

Extradé et transféré à la maison d'arrêt de Limoges, Robert Hendy-Freegard est mis en examen le 20 octobre 2022 pour tentative d'homicide sur personnes dépositaires de l'autorité publique. Les deux gendarmes s'étaient vu prescrire vingt et un et six jours d'incapacité totale de travail. Il encourt trente ans de réclusion criminelle. Son mandat de dépôt d'un an pourra être renouvelé dans l'attente de son procès devant la cour d'assises de la Creuse. D'ici là, les voisins auront peut-être découvert la saison 2 de *The Puppet Master* sur Netflix. Qu'y apprendraient-ils qu'ils n'aient déjà vécu ?

— On sait pas, dit Marc. Mais peut-être qu'on sera dedans !

Épilogue

Un an après le début de la cavale de Robert Hendy-Freegard, les habitants de Vidaillat sont replongés dans cette journée traumatisante du 31 août au 1er septembre 2023. À l'occasion d'une reconstitution des faits organisée à La Forêt avec un impressionnant dispositif. Pendant ces deux jours, il est impossible d'accéder au hameau devenu bunker. Gendarmes, juge d'instruction, avocats, interprètes et témoins s'y retrouvent. Vers 9 heures, une dépanneuse transportant l'Audi bleue de Robert Hendy-Freegard s'avance sur la route. Son pare-brise a été réparé. Celui endommagé est conservé dans un carton.

Dès la première journée, l'Anglais est là, à la grande surprise des Creusois qui n'attendaient sa venue que le lendemain. Eux sont positionnés dans le terrain de la bergerie de Véronique et Philippe. Lui se trouve plus loin, près des uniformes, sous un chapiteau installé pour l'occasion. Ils ne le voient qu'au moment de leur convocation, tour à tour, en s'approchant de la juge d'instruction. Pour confirmer leur déposition et se placer à l'endroit où ils se tenaient. Chacun est ainsi de nouveau confronté à Robert Hendy-Freegard, le visage amaigri mais souriant et imperturbable. Il plaisante même avec les gendarmes. À la lecture des dépositions, il remercie certains témoins qui ont attesté de ses bonnes relations avec le voisinage. Un clin d'œil pour l'un, une main sur le cœur pour l'autre.

En revanche, l'interaction est moins chaleureuse avec Jake. Le fils Clifton a fait le déplacement depuis l'Angleterre avec son ami Harry. Appelé à seulement quelques mètres du faux espion, il préfère éviter son regard et assurer son rôle dans cette reconstitution. Cet aller-retour en Creuse lui permet de remercier une nouvelle fois le voisinage mais aussi de jeter un œil à la maison de sa mère. Robert Hendy-Freegard s'interroge aussi sur le devenir de la demeure. Il prétexte vouloir récupérer un manteau à l'intérieur pour remettre les pieds dans la bâtisse. L'Anglais en ressort contrarié : certains voisins auraient touché à ses affaires.

La mine renfrognée, il reprend sa place près de son avocate française au bout de la route. Là où il a percuté les deux gendarmes. Il nie avoir eu l'intention de les tuer. La trajectoire de sa voiture est reproduite à plusieurs reprises. Des démarrages rapides avant un brusque coup de frein au niveau de la maison de Jeannette et Marc. Ses vrombissements résonnent dans le hameau confiné. Et épuisent les témoins convoqués qui doivent parfois attendre plusieurs heures avant de pouvoir se présenter à la juge. Ils n'en sauront pas plus sur la date du procès, ni sur la raison pour laquelle leur voisin a commis un tel geste.

Seule une personne manque à l'appel: Sandra Clifton. Elle a fait valoir une attestation médicale pour s'épargner des retrouvailles avec son compagnon. Mais, depuis l'autre côté de la Manche, l'Anglaise suit avec attention l'avancée de cette procédure française. Dans le village, on se questionne. Pourrait-elle un jour se décider à porter plainte contre Robert Hendy-Freegard?

Le cas échéant, Sandra Clifton devrait plutôt se rapprocher des autorités anglaises. En France, le contrôle coercitif n'a toujours pas été introduit dans le Code pénal. Seule la notion d'emprise peut être caractérisée depuis le Grenelle des violences conjugales en 2019. Mais elle ne recouvre qu'une partie du contrôle coercitif, se focalisant sur ce que vit la victime et non sur les stratégies de l'auteur. Si plusieurs associations, élus et magistrats militent pour l'intégration du concept, la difficulté de le définir représente un premier frein. Le second relève de la démonstration des actes de l'accusé, de leur persistance dans le temps, du jugement de leur gravité et de la volonté de contrôler la victime. Au printemps 2023, Isabelle Rome, alors ministre déléguée chargée de l'Égalité entre les femmes et les hommes, avait annoncé une réflexion sur une meilleure prise en compte de cette notion. En s'appuyant sur un constat: présidente de cour d'assises pendant de nombreuses années, elle a retrouvé ce mécanisme de contrôle coercitif dans neuf cas de féminicides sur dix.

Table

Imprimé en France
par DUPLIPRINT
733, rue Saint-Léonard, 53100 Mayenne
octobre 2023 - N° 2986019E

DUPLIPRINT est titulaire du label imprim'vert®